The First Company

ザ・ファースト・カンパニー 2023

ダイヤモンド経営者倶楽部◆編

新市場を
創造し
未来を
切りひらく

ダイヤモンド社

「創造的破壊」によってイノベーションを強化し変化と成長の時代に備えよ!

東京大学名誉教授
伊藤元重

「安定と停滞」の時代から、「変化と成長」の時代へ

新型コロナウイルスの拡大やロシアのウクライナ侵攻などによって、国際社会は50年もしくは100年に一度といえるほどの激変の時代を迎えています。企業にとって、この混乱は大きなリスク要因となる半面、いくつものチャンスが生まれているといえるでしょう。

コロナ以前の経済は、一言でいうと「安定と停滞」です。超低金利が長く続き、為替も安定していました。企業から見ると、閉塞感はあるものの、居心地のよい時代だったのではないでしょうか。しかし今は、急速に円安が進んでいます。このまま円安が進むかどうかはわかりませんが、少なくとも為替が大きく変動する時代になってきたことは間違いありません。金利も少しずつ上

がっていくはずで、すでに世界各国の金利は上昇を始めています。

金利が上がると、当然のように企業の金利負担が増えます。倒産も増えていくかもしれません。しかし、企業活動は他社との競争関係のなかにあるわけで、条件は同じです。厳しい環境下に対応できる企業は一段と強くなり、相対的にポジションを上げていくことができます。

「変化と成長」の時代が到来したことを、どう認識していくか。為替や金利、物価、賃金など、さまざまな角度からぜひ見ていただきたいですね。

これからのキーワードはグリーンとデジタル

もう一つお伝えしたいことは、これらの変化は経済やビジネスの部分だけではなく、政府の政策や、もっと広くいえば社会全体の枠組みにも大きな影響を与えているということです。その象徴的なキーワードとして、GXとDX(注1)が挙げられます。

例えばグリーンの領域では、2020年に菅政権が「2050年までに温室効果ガスの排出を実質ゼロにする」というカーボンニュートラル宣言を出し、この実現に向けて、これまでのビジネスモデルや戦略を根本的に変えていく必要がある、と民間企業に呼びかけました。

ここで強調したいのが、マーケットの規模感です。2022年5月に、政府は20兆円規模の支援を実施する方針を示しました。そして、この大規模な支援を呼び水として、今後10年間で官民

(注1) GX=グリーントランスフォーメーション、DX=デジタルトランスフォーメーション

合わせて150兆円超のグリーン関連投資を実現しようと考えています。

このような変革の動きは、世界的にそういう流れが出てきたから追いかけるべきという側面と、経済を好ましい状況に持っていくために必要だから進めるという二つの側面があり、企業経営においては、特に後者の部分に注目するべきでしょう。

大企業を中心にグリーン投資は拡大していますが、再生可能エネルギーや電気自動車といった本丸的な事業のみならず、そのすそ野は非常に広いと考えられます。中小企業の皆さんにとっても、自分たちには関係ないと可能性を閉ざしてしまうのではなく、社会や他社の動向を見ながら、自社の事業とどう関連付けられるかを前向きに探していくことが重要です。

もう一方の柱が、デジタルです。長らく日本での進捗は遅いといわれ続けてきましたが、コロナ禍によって、これも一気にスピードが上がってきました。ここでのキーワードが、「創造的破壊」になります。今までのビジネスモデルを破壊しながら、新たなビジネスを創造していく。イノベーションを起こす力が問われてきます。

イノベーションにとって重要なキーワードは「ダイバーシティ」

戦後の日本の経済成長は、「キャッチアップ」に強かったことが、その要因にあるといわれます。海外の先端技術やサービスを積極的に取り入れ、日本のスタイルに合わせることで、さらなる進化を生み出してきたのです。

　しかし１９９０年前後に世界の先端に躍り出ると、キャッチアップできる対象がなくなってきました。そして終身雇用や横並びの賃金といった、従来の雇用や評価の形態が、イノベーティブな動きを阻害するようにもなり、ここから日本経済の停滞が始まっています。

　一方、米国ではＧＡＦＡＭ５社だけで日本の全上場企業の合計時価総額を超えたように、ＧＡＦＡＭや、それを追いかけるユニコーン企業が、経済の急成長を牽引してきました。しかし、米国の代表的な株価指数である「Ｓ＆Ｐ５００」の全銘柄から、ＧＡＦＡＭ５社を除いた総額で計算すると、実は日本株の動きとあまり変わりがないのです。新しい産業が、国の経済の成長に非常に大きな影響を与えていることがよくわかります。

　遅ればせながら日本でも、スタートアップへの支援についての議論が深まっています。政府は成長戦略の柱として、２０２２年を「スタートアップ創出元年」と位置づけました。

　企業側も、スタートアップやデジタルに対する重要性を認識し、オープンイノベーションの動きが活発化しています。これまで日本における「出口戦略」は株式上場に依存していましたが、米国では８割がＭ＆Ａとなっており、日本も少しずつその流れにシフトしています。政府も２０２２年10月に、「大企業によるスタートアップ買収の際の法人税軽減」を、新たな検討課題にしていることを発表しました。

イノベーションを起こすための重要なキーワードに、「ダイバーシティ」があると考えています。私ごとで恐縮ですが、自分の学者生活を振り返っても、米国での留学経験や国際会議などでの世界各国の方々との出会いは、非常に大きな意義がありました。また経済学者という立場から、経営者や政治家の方々とも話をする機会が多いのですが、そんな考え方があるのか、そういうところに目を付けるのかと毎回驚かされ、研究の幅を広げることにつながっています。

学者としての私の役割は、世の中の環境がどう変わっていくかを自分なりの理論に落として社会に発信していくことです。まさに今はチャンスの多い時代。変化を好機ととらえて、企業の成長にぜひ結びつけていただきたいですね。

PROFILE

伊藤 元重
いとう もとしげ

1951年、静岡県出身。1974年東京大学経済学部卒。1979年、米国ロチェスター大学経済学博士号取得。専門は国際経済学。東京大学大学院教授を経て、2016年4月～2022年3月まで学習院大学教授、2016年6月から東京大学名誉教授。2013年より6年間にわたり経済財政諮問会議の議員を務める。その他、公的な機関の委員長、会長などの要職を歴任し、政策の実践現場で多数の実績を有する。

【目次】

PART 1 飛躍のステージに立つ次代の主役

特集　直近3年新規上場企業

市場を変革しリードする有力上場企業

PART 2

高い競争力を武器に挑戦を続ける実力派

本文中の企業データは2022年11月15日現在のものです。

PART 1

飛躍のステージに立つ次代の主役

直近3年間に新規上場を果たした注目企業10社、ならびに市場を変革しリードする有力上場企業9社をクローズアップする。

アンビスホールディングス

入居者や家族の安心から超高齢多死社会の課題解決まで新時代のプラットフォーム「医心館」が医療の未来を支える

代表取締役社長CEO 柴原慶一

超高齢多死社会へと踏み入った日本。現在の社会保障制度は、そして医療の現場は20年後も変わらず機能しているのだろうか。病院完結型医療から地域完結型医療へ(注1)と、医療は今、政策転換の渦中で大きく揺れ動いている。この激動期に、地域医療の担い手として急成長を続けるのが、新時代の医療プラットフォーム「医心館」を展開するアンビスホールディングスだ。

看護師・介護士が入居者とほぼ同人数在籍し、24時間365日体制で切れ目なく行き届いたケアを行う。一方、地域医療に携わる医師が定期的に施設を訪れて〝主治医〟として診療にあたるほか、いざという時の急変対応もお互いに連携して進める。

医療と介護の機能を併せ持ちながら、病院でも介護施設でもない。アンビスホールディングスが展開するホスピス事業「医心館」は、時代の先端を捉えるいくつもの付加価値を創造する。

(注1) 団塊世代が75歳以上となる2025年以降に、医療や介護の需要の急増が懸念されており、国は地域の包括的な支援体制にその受け皿を求めた

入居者やその家族の安心、病院からの信頼、看護師・介護士の新しい働き方や、やりがいの向上。あるいは医師不足や病床不足に直面する地方圏・都市圏それぞれの医療問題の解決。もっと広く、日本にとって喫緊の命題である超高齢多死社会に向けた枠組みづくりなど。

これらの役割や機能を掘り下げて見ていくと、医心館は単なる〝施設〟として捉えるべき存在ではないことに気づく。地域医療のリソースをつなぎ最適化・高度化を図る、〝プラットフォーム〟としての使命を担っているのだと。

その起点となるキーワードが「医師のアウトソーシング」「シェアリング病床」という画期的な概念だ。

実践スキルが高い看護師の採用にこだわる

「きっかけは地方病院での当直をしていた時の違和感でした。医師である私が呼び出されることはほとんどなかったのです」。そう振り返るのは、社長の柴原慶一。

わが社はこれで勝負!

看取り率**98**%超

「医心館 蘇我」建物外観（千葉市中央区）

看取り率とは、入居し亡くなる方のうち施設内で最期を迎えた方の割合のこと。〝終の棲家〟を謳う施設でも、入居者の急変時には再び病院へ搬送されることが多く、〝最期まで看る〟ことに責任を持つ施設は少ない。充実した看護体制、主治医と入居者や家族からの信頼があってこそ、この圧倒的な水準を保つことができる。

「慢性期や終末期の病棟に、医師が常駐する必要が本当にあるのだろうか。医師の機能は、アウトソーシングすればいいのではないか。極めてシンプルな発想からのスタートでした」

この仕組みは、複数の医療関係者の協働による〝病床のシェア〟でもあり、相互に補完し合う関係だ。病床や高額な医療機材などのハード面、医師、看護師・介護士とその専門性などのソフト面、それぞれの機能の再配分を試みれば、慢性的な医師不足・病床不足を解決し、医療品質を上げながらコスト削減もできるはず。そこに大きな社会価値と事業の可能性を直感した。

その後、三重県名張市にある病院、医療法人の経営再生を通じて、この仮説に基づく〝社会的実験〟を行った。「初月からすぐに職員の意識が変わり、サービス品質が高まりました。長く赤字を垂れ流していたのが、わずか半年で黒字体質に転換。確かな手応えをつかめました」

これが現在の「医心館」の原型となり、国内における〝ホスピス〟というニューマーケットの幕開けとなった。

柴原がこだわったのは、大きく三つ。臨床経験豊富な看護師を採用すること、医療依存度の高い患者に対象を絞ること、在宅医療が事業化しにくい地方都市にも力を入れること。

いずれも草創期の同社にとっては非常に挑戦的であり、周りからは無謀だといわれた。しかし「在宅医療では看護師がケア連携のカギを握り、そのためにも領域を特化し専門性をさらに高めていくことが、医心館の成長にとって何より重要だ」と考え、粘り強く理想を追った。

PROFILE

柴原 慶一
しばはら けいいち

1964年、愛知県出身。名古屋大学医学部卒。京都大学大学院医学研究科で生命科学分野の基礎研究に携わって以降、約20年間尽力。2010年4月に起業家へ転身し、医療法人の経営再生などを経て、2013年9月にアンビス設立。2016年10月、アンビスホールディングスを設立。

「真に優れた看護師とは、ホスピタリティはもちろん、プロフェッショナルとしての専門的な知識やスキル、明確な看護観を高いレベルで兼ね備えている存在です」と柴原は語る。

協働する医師にとって、医心館はまさに分身的な存在だ。病棟にいない時間も入居者の生命への責任は自らにあり、「全幅の信頼を寄せられる看護体制があるか」がすべての根幹になる。

また終末期の入居者の容態は刻一刻と変化し、都度最適な判断と迅速な報告・処置が求められる。非常に峻厳な仕事だ。

誰もが恩恵を享受できる優れた医療制度を未来へつなぐ

このような看護体制の強化を、サポートする仕組みの一つが現場と本社の役割分担だ。採用、労務管理、購買などの後方支援を本社が担い、現場は入居者のケアに専心できる環境を整えた。

また入居対象者を絞り込み、看護の内容を同質化していくことで安定したシフトが組め、看護師・介護士それぞれの志向やライフスタイルに合わせた勤務体系を選ぶことができる。さら

ホスピタリティ、専門的な知識やスキル、明確な看護観などを兼ね備えた看護師が、「医心館」の高い看護品質を支えている。（※右写真はコロナ禍拡大前の撮影です）

に本社への異動など、医療や介護の現場だけではないキャリア設計ができることも同社ならではの魅力だ。

「責任は重いがやりがいもある」。医心館の存在が広く認知されるにつれ、より高い資質を持った看護師・介護士が、同社の求人に集まるようになった。大病院の看護部長の経験を持つような実力者も珍しくなく、さらなるよい循環をもたらしている。

「私たちが一方的に受け入れるだけでなく、医心館で育った人がまた別の職場を目指すことも歓迎です。流動性が高まることで、最適化が進む。あるいは潜在看護師の復職の機会を増やせるかもしれない。その多様なキャリアの選択肢の一つを丁寧につくっていくことが私たちの役目です」

そんな同社の看護体制のレベルの指標になるのが、業界内でも図抜けて高い98パーセント超（注2）という看取り率だ。

これは「最期まで責任を持って医療ケアにあたる」という同社の姿勢を顕著に物語るもので、入居者とその家族及び主治医からの信頼の厚さを土台とし、退院後の受け入れ先として病院

（注2）残りの2%は、想定外の病気による急変が起きた時、自宅で最期を看取りたいと家族からの要望があった時などのもの

が医心館を頼りにする、大きな拠りどころとなるデータでもある。

「日本の医療制度は、高度なレベルでの平等性を保つ、世界でも類まれな親切な設計になっています。人の命は平等であり、より多くの人が恩恵を享受できるこの優れた制度を疲弊させることなく、しっかりと未来へつなげていきたい」と柴原は語る。

有料老人ホームや高齢者向け住宅など、福祉施設の充実・供給拡大は見られる半面、国の政策の転換で、病院は病床を減らし、〝医療依存度が高い患者〟は着実に行き場を失っていく。その受け皿を担っていくことが自分たちの使命だと。

現在、医心館は全国に63カ所。人を育て、看護品質を高め、施設数を増やしていく。その成長サイクルをより力強く、より大きく回していくことが、日本の医療の未来を救う一条の光となる。

株式会社
アンビスホールディングス

〒104-0028
東京都中央区八重洲2-7-2
八重洲三井ビルディング４階
☎03-6262-5105
https://www.amvis.com

設　立●2016年10月
資本金●58億6000万円
従業員数●2756名（連結）
売上高●230億7200万円（2022年9月期）
事業内容●有料老人ホーム事業、訪問看護、訪問介護、居宅介護支援、障害福祉サービス

2019年10月9日
東証JASDAQ上場
（現・東証スタンダード市場）

Branding Engineer

フリーランスエンジニアの仕事の安心と成長を支援 働き方の不合理を変え、〝新しい合理的な常識〟をつくる

代表取締役 河端保志／高原克弥

Branding Engineer。その名の通り「エンジニアの価値向上」がミッションの会社だ。仕事のやりがい、収入の向上、安心して働ける環境づくりをトータルで支援し、フリーランスエンジニアの活躍の場を広げ、独立を支援する。キーワードは「Break The Common Sense」。これまでの不合理な常識を変えることで、エンジニア不足の解消と日本経済の活性化を担う。

「フリーランスの魅力は自由に働けること。時間・場所に縛られず、あらゆる企業の多様なフェーズの仕事に参加することができます。一方、正社員の魅力は、何よりも雇用・収入が安定すること。そのフリーランスと正社員の〝イイトコどり〟ができるように」

そう語るのは、Branding Engineer代表取締役ＣＥＯの河端保志。代表取締役ＣＯＯの高原克弥とともに、２０１３年に学生起業で同社を立ち上げた。「二人とも小学生のころからプログラミ

ングをしてきて、エンジニアへの評価に違和感を持っていました。米国と日本では、給与待遇もリスペクトの姿勢も、こんなに差があるのかと。『エンジニアって凄いんだぞ』って、社会にもエンジニア自身にも伝えたかった。その思いが私たちの創業の原点にあります」

経営も事業もすべては〝エンジニアファースト〟から

主力事業となる「Midworks」は、ＩＴ系フリーランスを専門にしたエージェントサービスだ。しかし、単なる仕事のマッチングではない。「エンジニアにはキャリア設計や安心して働ける環境をサポートし、企業には人材提供にとどまらない総合的なＤＸコンサルティングが提案できる」、そのトータル支援を強みとする。

常時３０００件以上の仕事を用意し、特にフリーランスエンジニアの不安を解消するさまざまな支援体制を整備した。業務交通費やキャリアアップ支援費（書籍購入・研修

わが社はこれで勝負!　2万9299名

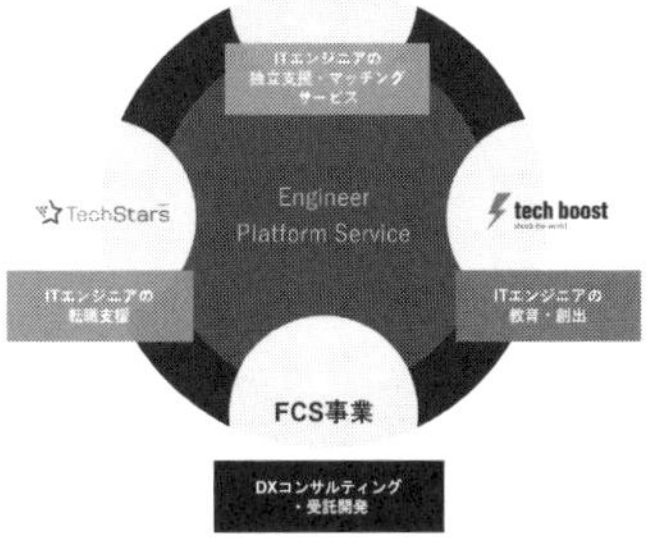

エンジニアプラットフォームサービスの構成イメージ

2022年8月期の登録エンジニア数(連結)は、2万9299名。稼働エンジニア数は8228名といずれも過去最高。前期比で、登録エンジニア数59.5%増、稼働エンジニア数57.6%増と、顕著な伸びを見せている。今後も積極的な広告展開などを通じて、稼働数・登録者数ともに増加スピードを上げていく。

参加費など）の支給、フリーランスの協会[注1]の無料加入、福利厚生サービスの利用、報酬保障などまで、まさに「正社員並みの手厚い保障」を提供する。「保険や年金、福利厚生については誰よりも詳しく調べた自負があります」と河端は笑顔を見せる。

「とはいえ、懸念は保障面だけではありません」と高原が言葉をつなぐ。「まずは収入。私たちの調べでは、フリーランスの方が正社員より5割ほど報酬が高い結果が出ています。また将来的なキャリア設計においては、私たちが蓄積してきた豊富なデータが意味を持ちます」

どの仕事にどれだけの報酬が出ているか、どんな依頼が増加傾向にあるか、そのためにどのプログラミング言語を学んでおくといいか。同社にはこれらの情報が一元化され、専門カウンセラーが一人ひとりの志向やライフプランなどをもとに、「中長期的な成長支援」を導いていくのだ。

すべては〝エンジニアファースト〟が起点。その企業姿勢が支持され、登録エンジニア数は2万9000名超。創業から10年を前に、フリーランスエンジニアならびにフリーランスを目指すエンジニアの誰もが知るサービスに育っている。業績面でも急伸を続け、2020年7月7日には東証マザーズに上場を果たした。直近の売上げは68億円を超え、前期比60パーセント増。「二次関数的な数字の成長を目指している」と、さらなる飛躍に意欲を見せる。

現在の事業は、エンジニアプラットフォームサービスとマーケティングプラットフォームサービスが2本の軸となる。

（注1）一般社団法人プロフェッショナル＆パラレルキャリア・フリーランス協会

PROFILE

(右) **河端 保志** 代表取締役CEO
かわばた やすゆき

1989年、埼玉県出身。電気通信大学大学院卒。

(左) **高原 克弥** 代表取締役COO
たかはら かつや

1991年、長野県出身。法政大学法学部卒。

在学中の2013年にBranding Engineerを共同創業。

「フリーランスとして働きたい方は『Midworks』、正社員雇用を目指す人は『TechStars』へと、それぞれの志向に合わせたキャリアを提案し、エンジニアを目指す人には『tech boost』がバックアップする。ITエンジニアのあらゆる価値観・働き方・ニーズに合わせた『キャリア循環型プラットフォーム』の構築がエンジニアプラットフォームサービスの目指す姿です」

興味深いのは「tech boost」が、人材会社発のスクールである優位性だ。「クライアント企業の求める人材像をベースにカリキュラムを作り、『Midworks』で働く〝現役バリバリ〟のエンジニアが指導する。即戦力度の高さという点で、これ以上のものはなかなかないはずです」と高原は胸を張る。

「Midworks」も新たな可能性を見せている。「これまではWeb系のプログラムが業務の中心でしたが、要件定義や計画立案といった、いわゆる上流工程のニーズも増えてきています。最近ではコンサルティングファームから独立する方も増えており、このようなコンサルティング要素の強い仕事も私たちが手掛け

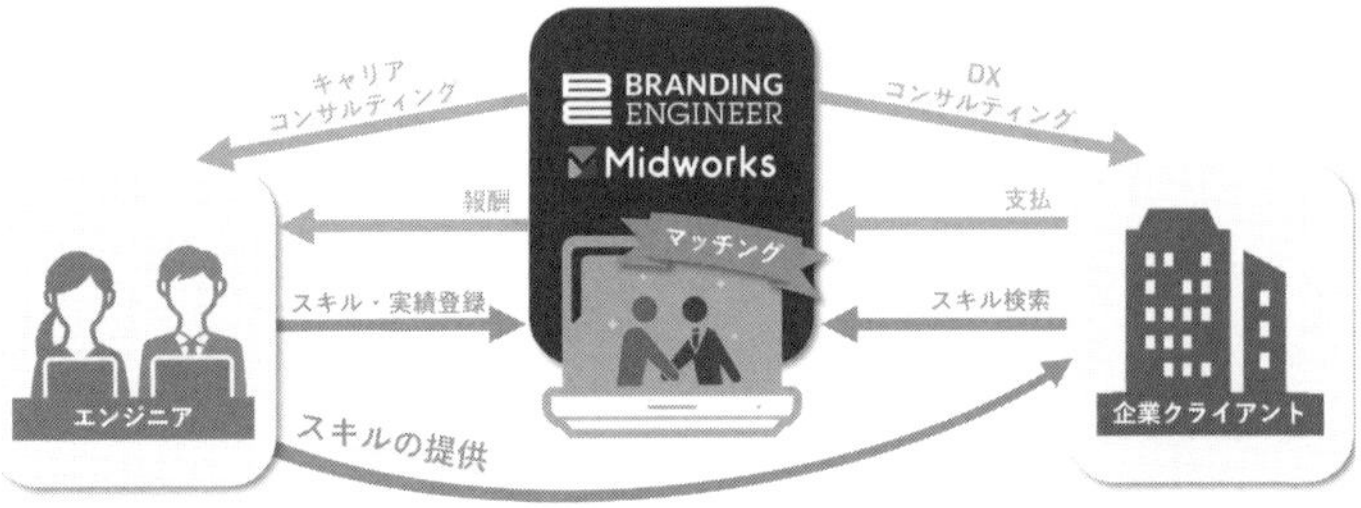

「Midworks」のビジネスモデル。企業に対して総合的なDXコンサルティングを提供し、企業向けにフリーランスエンジニアのスキルシェアサービスを提供

るべき領域だと考えています」

一方、マーケティングプラットフォームサービスでは、ＩＴ人材向けのライフスタイルマガジン「Mayonez」や、ビジネスマン向けの「Tap-biz」などを通じて、エンジニアやクライアントなどユーザーとの接点強化につなげている。

「圧倒的な成長力」をもたらす企業文化

「今回のコロナ禍のように、事業はどうしても想定外のリスクが付きまといます。しかし組織は絶対に嘘をつきません。だからこそ、事業の差別化という以上に、組織風土を大切にする会社でありたいと考えています」と河端は持論を語る。

早くから新卒採用に注力し、「起業家思考の高い視座を持った人材に、ファーストキャリアとして選んでもらえる会社」を目指した。その結果、〝圧倒的な成長力〟をもたらす企業文化が育ち、20名を超える起業家が生まれたという。「それも社内のよい刺激になっています。新事業をしたいという人がいたら、どんどん任せていく。切磋琢磨できる環境を育てていきたいですね」と高原も期待を寄せる。

そんな同社が理念に掲げるのが「Break The Common Sense」。不合理な常識を疑い、新しい合理的な常識をつくり出すという意味だ。「仕事への価値観の変化、働き方の多様化などを背景に、フリーランス人口は年々拡大しています。なかでもエンジニアは、フリーランスの生き方として相性がいい。プログラミング言語は世界共通で、世界中どこでも自分のスタイルで仕事ができる。新しい時代の働き方の〝合理的な常識〟といえるでしょう」

フリーランスエンジニアの支援を通じて同社が担うのは、エンジニア不足の解消だけではない。雇用の流動化と最適化を図ることで、「まずは日本企業の給与水準を上げていくこと」。それが社会にさらなる大きなインパクトをもたらすための、次なる〝新常識〟の起点となる。

株式会社
Branding Engineer

〒150-0002
東京都渋谷区渋谷2-22-3
渋谷東口ビル6F
☎03-6416-5564
https://b-engineer.co.jp

設　立●2013年10月
資本金●1億3958万円
社員数●168名
売上高●68億7000万円
(2022年8月期)
事業内容●フリーランスエンジニアのキャリアを、教育から独立までワンストップでサポート
2020年7月7日
東証マザーズ上場
(現・東証グロース市場)

プロジェクトカンパニー

変革のプロセスを伴走し本質的なDXを一気通貫で支援 タスク型からプロジェクト型へ社会構造の転換を促す

代表取締役社長 グループCEO 土井悠之介

戦略立案、新規事業開発などのコンサルティング領域から、マーケティング支援、顧客接点となるUI／UXの改善支援まで、企業・自治体のDX化を一気通貫でサポート。クライアントに伴走し、ともに汗をかき、成果にコミットする推進力と、外部パートナーとの連携を生かしたソリューション提案を強みに、顧客からの信頼を獲得。創業以来〝圧倒的な成長〟を続けている。

「最新のシステムを導入すれば、それだけでDXが完了するというものではありません。社会環境の変化は目まぐるしいほど速く、状況に合わせて都度最善の手を打つことができるかどうか。その継続的な仕組みづくりと組織のあり方が、より重要になっています」

そう語るのは、プロジェクトカンパニー社長の土井悠之介。「かつて工業資本主義社会では、スペックが高いものを確実につくれることが重要であり、決められたこと、言われたことを忠実にこなせる人、いわゆる〝タスク型〟の人材が評価されてきました。しかし今、世界は情報資本主義社会へ転換しています。自らの力でプロジェクトを推進できる〝プロジェクト型〟の人材が必要とされる時代に変わっているのです」

企業名にも表れている通り、同社が掲げる理念は「プロジェクト型社会の創出」だ。停滞が続く日本の現状を危惧し、「目的に向かってチームとして結集するプロジェクト型組織を持った企業を増やすことで、イノベーションを起こし、日本経済ひいては日本社会が活力を取り戻すことができる」、その熱い思いが原動力になっている。

スコープを決めず、成果を出すために何でもやる

事業着眼のヒントは、高校時代にまで遡るという。共同創業者で会長の伊藤翔太とは、小学校から大学までのすべてで同級生。大学受験を目の前に、一緒に「東大受験プロジェクト」を立ち上げた。

わが社はこれで勝負!

平均成長率 85%

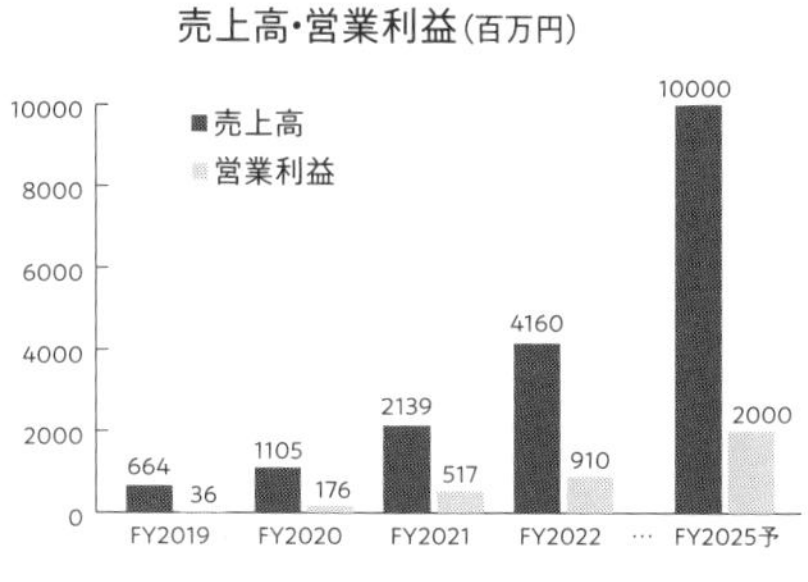

売上高・営業利益とも、みごとな右肩上がりのグラフを描く

2022年12月期の売上見込は、当初予定を大幅に上方修正する41億6000万円。毎年倍々ゲームで売上げを伸長させており、2019年度からの3期の平均成長率は85%にものぼる。営業利益額も9億円を超え、経常利益率はおよそ22%。2025年度に売上100億円、利益20億円を目標に掲げている。

「本来個人戦であるはずの受験を、チームとして戦うプロジェクトに仕立て、合格を目標に逆算して勝てる戦略をつくり上げました。結果的に二人とも東大に合格。『成果に向かってどうやりきるか』、その意義を肌で実感する機会になったのです。同時に、伊藤と一緒なら成功できる手応えを得て、『人生をかけて何かやりたいね』と話し合うようにもなりました」

その後、伊藤は学生起業を選び、土井はコンサルティングファームに就職した。「私がこだわったのは、専門家としての知見を提供するだけでなく、同じ仲間としてゴールに向かい、泥臭くPDCAを回していくこと。スコープ（実行範囲）を決めず、成果を出すためなら何でもやること。この時の経験が、今の私たちの経営観につながっています」

2016年1月、土井と伊藤は再び合流し同社を立ち上げた。当初から2021年までの株式上場を公言しており、予定通り達成。〝目標必達〟の企業姿勢をみごとに体現している。

事業のコンセプトは「一気通貫サービスによる本質的なDXの支援」。UI／UXサービスから、マーケティングサービス、コンサルティングサービスまでの総合支援を特徴とする。「当社のように一気通貫で対応できる会社は限られており、これが大きな強みとなっています」

その起点の役割を果たすのが、モニターを活用したUI／UX調査からWebの改善支援までを手がける「UIscope」だ。短納期・低価格で即効性があり、市場からの認知も拡大。「新規顧客の約半分は『UIscope』が入り口になり、『UIscope』導入の4分の3がお問い合わせ経由での流

PROFILE

土井 悠之介
どい ゆうのすけ

1989年、東京都出身。東京大学農学部卒、同大学院修士課程修了。日系コンサルティングファーム勤務を経て、2016年にプロジェクトカンパニーを創業、代表取締役社長就任。

入と、経営的なインパクトは非常に大きいものになっています」

具体的な相談のテーマは、デジタルを活用した新規事業開発やSNSを活用したマーケティング支援など幅広く、「一度DX化に取り組んだが効果が出なかった。もしくは見直しを図っているという企業からの相談が多い」という。顧客の6割以上が売上100億円以上と、大企業からの信頼が厚いのも特徴だ。

「私たちは非常に若い会社ですが、逆にそれも強みになっています。深い専門性を持ちながらもフットワーク軽く動くことができる。部下のように気軽に相談できる。そういった伴走力の高さを、皆さまから評価いただいています」

例えばあるIT企業の事例では、当初は400万円の予算で始まったものの、実績を上げ他部署にその評判が広まることで、現在は数億円規模の取引に拡大している。「一気通貫サービスだからこそ、多様なニーズに応えることができ、長くお付き合いいただくほどその真価を発揮する。まずはどんなことでも気軽に声をかけてほしいですね」と、土井は笑顔を見せる。

（左）土井は繰り返し「凡事徹底」の重要さを口にする。（右）経営人材の育成のため、教育・研修には特に力を入れる

もう一つ、同社の一気通貫サービスの特徴は、社内リソースに依存しないことだ。「DXは画一的なものではなく、単体のソリューションベースで語るべきではありません。外部パートナーとの協業を進め、相互に補完し合う関係も大切にしています」

システム開発、BPOサービス、競合とみられるコンサルティング会社まで、パートナーとして同社を指名する。その入り口の広がりも〝急成長〟の基盤になっている。

2045年売上1兆円を目指し経営人材を輩出

プロジェクト型人材の輩出は、社内においても重要なテーマだ。「まずはしっかり理念を共有し、目標を絶対に達成しようとするマインドセットを行い、一人ひとりの潜在能力をいかに開花していくか、若いうちからいちばん高い挑戦の場を与えています」と土井は語る。だからこそプロジェクトのアサインには、きめ細やかに目を配っているという。

さらに「メンバー、マネージャー候補、マネージャーそれぞれの昇降格の選抜プロセスを毎月実施する」という斬新な人事制度にも注目が集まる。「若手の成長は目覚ましいものがあり、よりスピーディーに評価する必要を感じているからです」

２０２２年6月には、分社化によりグループ２社を設立した。これも「特定領域の事業の深掘り」という事業戦略とともに、組織戦略としての「経営人材の育成」に重きを置いたもので、「人の成長に合わせて、新たな企業を次々に生み出していくこと」は今後も重要なテーマだ。

「国内のＤＸ関連市場は、まだ20〜30年ほど拡大が続くと予想され、一気通貫メニューの拡大や、業界横断のパッケージメニューの構築など、この領域だけでも１０００億円規模は可能だと考えています。ただ私たちが掲げるビジョンは、２０４５年に売上１兆円です。その未来を担う人材を確実に育てられる企業へ。貪欲に挑戦を続けていきたいと考えています」

株式会社
プロジェクトカンパニー

〒106-6039
東京都港区六本木1-6-1
泉ガーデンタワー39F
☎03-6459-1025
https://projectcompany.co.jp/

設　立●2016年1月
資本金●9億6888万円
従業員数●114名（連結）
売上高●41億6000万円（2022年12月期予想）
事業内容●デジタルマーケティング/DX推進の総合アドバイザリーファーム

2021年9月29日
東証マザース上場
（現・東証グロース市場）

メイホーホールディングス

〝育った町でコツコツ働くこと〟に幸せを感じられる社会へ中小企業が集結し「地域創生」を担う異色の上場企業

代表取締役社長 尾松豪紀

「閉塞感を打破できるのは、中小企業の社長だけ」。その熱い信念をもとに、地域の中小企業を結び、企業の経営効率化・人材・業務連携を支援する「中小企業支援プラットフォーム」を構築する。スローガンに掲げるのは「変わる勇気が、未来を変える」。志を共有できる〝仲間〟を増やし、お互いに力を高めていくことで、理想の社会の実現を目指している。

積極的に中小企業のM&Aを行い、稼ぐ力を高めることでグループを拡大する経営のプロフェッショナル集団。祖業を受け継ぎ、愚直に地元密着型の事業を推進する建設関連会社。あるいは地域創生を命題に、永続的な事業と新たな雇用創出に力を注ぐビジョナリーカンパニー。このようにメイホーホールディングスへの印象は、どの切り口から捉えるかによって大きく変わる。ただそれらを包含する一つの大きな軸がある。M&Aの対象となる企業のカラーだ。

現在グループの事業ドメインは大きく四つ、建設関連サービス事業・人材関連サービス事業・建設事業・介護事業で構成される。グループ各社は、いずれもその町とともに歩み、地域の暮らしを支え、なかでも行政や自治体の仕事を請け負う公共性の高い企業が多い。

「過疎化や公共工事の削減など、地方企業にはいくつもの逆風がありますが、このまま衰退していくのを放置するわけにはいかない。町を支えてきた企業を将来につないでいくためにも、しっかりと環境を整えていきたいのです」。2代目であり、上場に至る成長基盤を構築してきた尾松豪紀は、このように熱い思いを語る。

債務超過3社のM&Aが事業拡大の起点に

もう一つ、同社の魅力を語る上で見逃せない隠れたキーワードが「ガラスの天井」だ。

これまでM&Aをした各企業はいずれも地方の中小企業。

わが社はこれで勝負!　**17**社から**300**社へ

メイホーホールディングス本社外観（岐阜県岐阜市）

メイホーグループは現在、17社の企業群で構成される。これを中長期的に300社まで拡大する予定だ。現在の事業分野にとらわれることなく、地域の信頼の厚い中小企業を結び、個々の企業の稼ぐ力を強化することで、企業の経営効率化・人材・業務連携を支援する『中小企業支援プラットフォーム』の構築を目指す。

売上げも少なく画期的な事業モデルでもない。株式上場といった言葉にはまったく無縁だったはずだ。それが突如として上場企業グループの一員になる。それも吸収や合併という形ではなく、もともとの会社の形を残しながら。

そして尾松は、再建に外部から社長を送り込むことを「良し」としない。株式を100パーセント保有し、個人保証を外すことで負担を減らし、社内から新社長を抜擢するのだ。結果的に、町の小さな会社の社員が「予想だにしなかった」上場企業グループの社長になる。まさにいくつものガラスの天井を突き抜ける、痛快なサクセスストーリーの演出家だといえるだろう。

創業は1981年。尾松の父が測量を生業として立ち上げた会社だ。尾松は大学卒業後、大手重工業メーカーに勤務していたが、先代のたっての頼みで1992年に入社する。

早々にぶつかったのが、中小零細企業に突きつけられる「見えない巨大な壁」。実績がない企業が地方の公共事業に参画することの難しさだった。さらにその障壁が、論理的に説明できるものでないことに苛立ちを覚えた。「真面目に仕事をする人が評価され、頑張ったらちゃんと報われる社会であってほしい」、その思いが尾松の経営の強い原動力になっている。

大きな転機となったのが、2007年の初めてのM&Aだ。「事業エリア拡大のためには、その町の入札の権利が必要になる。当時の認識はそれくらいでしたが、前後して計3社の企業の再建を行ったことで、中小企業の成長を阻害する要因がいくつも見えてきました」

PROFILE

尾松 豪紀
おまつ ひでとし

1963年、岐阜県出身。同志社大学卒。大手重工業メーカーを経て、1992年にメイホーエンジニアリング入社。2001年、代表取締役に就任。2017年、持株会社に移行。メイホーホールディングスを設立、代表取締役社長就任。

M&Aによってそうした会社の受け皿となり、安定した経営に転換できれば、働く社員の生活を守り、地域の住民へのサービスの質を高め、培ってきた技術やノウハウを受け継いでいくことができる。そう確信した尾松は、M&Aによるグループネットワークの積極的な拡大と、そのビジョンの認知と発信力を高めていくためにも上場を目指すことを決意する。

中長期的にグループ企業300社体制を目指す

2017年にはホールディングス化を図り、以降矢継ぎ早にM&Aを推進。現在、グループは17社で構成される。同社には膨大な数のM&A案件が寄せられ、尾松は全国を飛び回って、譲渡希望企業の社長との面談を繰り返す。「描く未来を共有できるかどうか」、それがすべての出発点だという。

改革のテーマは、理念共有と管理会計の徹底だ。まずはグループ共通の会計・人事のシステムを導入し、月次の損益管理を確実に行う習慣を付ける。俯瞰逆算によって、将来を見据えた

建設関連サービス事業、人材関連サービス事業、建設事業、介護事業の4つの事業セグメントで、全国に17社のグループネットワークを形成する

上での年次計画を立てていく。「目標を立ててしっかりPDCAを回す。まずはごく当たり前のことがしっかりできるように」

グループ内では、毎週月曜日の幹部社員教育をはじめ、情報発信や学びの場をふんだんに用意している。また多様な個性を持つ会社が増えることで、例えばドローンを使った測量など、得意分野の共有も進む。お互い切磋琢磨することで確実にマインドが変わり、自然と数字も付いてくるという。今後は、相乗効果をさらに高めるためのグループ採用の仕組みづくりが注力テーマだ。

中長期的に、同社はグループ企業を300社まで拡大する目標を立てている。これまでのペースをさらに加速させていく必要があり、その実現に向けて尾松は2つのポイントを挙げる。

一つは事業セグメントを増やしていくこと。「地域のための公共性の高い事業」という軸はそのままに、例えば農林水産業や六次産業化支援、地場の特長を生かした製造業などを考えているという。もう一つが「中間持株会社」の存在だ。現在各セグメントごとに1社ずつ中間持株会社を設置し、自らの事業と並行してグループ各社の経営サポートを行っている。人材の輩出スピードを上げ、この機能を強化していくことも重要な課題となる。

一方で、グループ化にこだわらない〝地域サポーター企業〟のネットワーク構築も、もう一つのビジョンだ。経営の指導やシステムの共有などを通じて、幅広く地方企業の底上げを図っていくことが狙いで、ここではSaaSなどのITプラットフォーム事業の可能性もあるだろう。

「日本は中小企業の割合が99パーセント以上。そこで働く人も人口の約7割を占めます。今の世の中、コツコツだけではなかなか生きにくい。でも地域で真面目に仕事をしている人が、安心して生活していける社会であってほしい。ごく普通であることが幸せであるように。それこそが真の地域創生であり、私たちはそのための一助を担う存在であり続けたいと思っています」

株式会社
メイホーホールディングス

〒500-8326
岐阜県岐阜市吹上町6-21
☎058-255-1212
https://www.meihogroup.com

創　業●1981年7月

資本金●4億4502万円

従業員数●958名（連結）

売上高●61億1300万円（2022年6月期連結）

事業内容●地域に根差した企業への積極的なM&Aや経営改革を通じたグループ戦略で地域創生を支援

2021年6月2日
東証マザース上場、名証セントレックス上場
（現・東証グロース市場、現・名証ネクスト市場）

BlueMeme

「ローコード×アジャイル」でシステム開発の内製化を推進 業界の構造変革を通じて企業の国際的な競争力向上を支援

代表取締役 松岡真功

「プログラマーがソースコードを打つ作業がゼロになる時代へ」。BlueMemeが追い求めるのは、自動化が実現する圧倒的なスピードと、アジャイルによる変化への対応力。ローコード開発の普及を通じた、システム開発の構造的転換だ。独自の開発方法論に基づく技術支援と人材育成を通じて、「企業自らの手で〝真のDX〟を実現するため」の組織づくりを強力に後押しする。

「こんなアプリをつくりたい」と仕様をまとめた設計書を打ち込むと、何万行ものソースコードが一瞬で書き出される。プログラマーが介在することなく、次々と新しいアプリが出来上がる。これがBlueMemeの手がける「ローコード開発基盤」の基本概念だ。

「人がいなくてプログラミングができるの？」と、これだけ聞くとまるで雲をつかむような話だが、実はわかりやすい先行事例があると、社長の松岡真功は説明する。

「かつてはモノづくりの現場も、人の手作業が当たり前でした。しかし今はロボットが導入され、自動化が進み、人の役割は正確な指示を出すこと、工程を管理することが中心です。その結果、生産効率は飛躍的に高まり、製品の精度も格段に上がりました。〝労働集約型〟の時代から、自動化・省人化による〝知識集約型〟の時代へ。プログラミングの世界でも同じことが起きようとしているのです」

ローコードに特化したアジャイル開発方法論を確立

「証券会社に勤務していたころ、携帯電話の株取引アプリを開発したことがあります。当初は外注の予定でしたが、私自身プログラミングが得意で、これなら自分一人でもできると志願したところ、想像以上にうまくいきました」と、松岡は起業に至る原体験を振り返る。

「結果、莫大なコストをかけることなく短期間での自社開発に成功したのです。従来の日本のシステム開発は外注中

わが社はこれで勝負!

3000件

神田錦町の東京本社エントランス

ローコード開発によるシステム開発実績は、これまでに3000件超。業界でも屈指の存在だ。SIerが手がけるものなら基本的にいずれも対応可能で、情報通信・製造・小売・建設・商社など、あらゆる業界を網羅し、業務領域も受発注管理、顧客管理、生産工程管理、人事管理、グループウェアなどまで多種多様だ。

心の〝労働集約型〟で、意思決定が遅く生産性が低いという難点がありました。しかし『ビジネスを理解した内部の人間がつくれば、短期間で使いやすいシステムができる』ということの時の手応えが、システム開発の内製化を通じた『日本企業の国際的な競争力の向上』という今の事業のミッションにつながっています」

企業の競争力の源泉である情報やノウハウの流出を防ぎ、デジタル技術を用いた新たなビジネスの開拓のための強固な基盤が生まれるなど、内製化の推進によるメリットは大きい。そこで松岡は、「どうやったら一人でシステムをつくることができるか」を追求し続け、システム開発プロセスを〝自動化〟できるローコード開発に目を付けた。

そして世界中の120以上にわたるプログラミング自動化ツールを比較検討し、設計思想が同社の考えに最も近かったポルトガルの「OutSystems®」を採用。当時、全くの無名だったこの基盤を日本に初めて持ち込み、国内の多くの大企業が導入するまでに育て上げた。

しかし当時は、まだローコードで基幹システムを開発することなど信じてもらえなかった時代。そこで、他社がやりたがらない、基幹システムのいちばん難しい部分の開発を圧倒的なスピードで実現し、お客さまに驚いてもらうことで実績を増やしていった。

一方、日本市場ではまだ確立されていなかったアジャイル開発にも早くから取り組み、「ローコード×アジャイル」による短期・少人数の大規模開発を次々に実現。多くのトライ&エラーで得

PROFILE

松岡 真功
まつおか まさのり

1975年、熊本県出身。ネット証券、外資系ERPベンダー、外資系システムベンダーにて、エンジニアリングとコンサルティングに従事。2009年にBlueMemeで業務開始。業務システムのコンサルティング事業開始後、2010年6月代表取締役就任。

たノウハウをもとに、ローコード開発のスピードを最大化する独自の開発方法論「AGILE-DX」を確立した。

社会の進化は自動化の歴史。時代が後押しするサービスへ

「ローコード開発市場は約3300億円。システム受託開発市場全体のわずか3パーセントです。成長の余地は非常に大きいと考えています」と、松岡は今後の伸びしろへの期待を語る。

同社が手がける開発領域は、大企業の基幹システムを中心に、あらゆる業界・業務分野を網羅する。「エンジニアに開発できる業務システムであれば、何でもできると考えて大丈夫です。すでに膨大なシステムを構築してつくり直す時間もコストもない。時代の先を見据えて、柔軟に形を変えられるシステムをスピーディーに構築したいなどの相談をいただくことが多いですね」

ただし同社の事業の本質は、「システムのつくり方」を教え、「システムをつくる最新の道具」を提供すること。顧客企業が主体となって、協働的に取り組むことが前提になる。

体験型の人材育成プログラム「アジャイルトレーニング」。トライ＆エラーを繰り返し、言葉によるコミュニケーションやチームワーク、意思決定のマインドセットを身に付けていく

信頼の基盤にあるのは、同社の人材育成力の高さだ。「まずはやってみようと、失敗するからこそ学べるものがあると、トライ＆エラーの精神を大切にしています。いくらローコードやアジャイルに強くても、ツールを使いこなす力だけでは十分ではありません。最終的に生産性を左右するのは、開発者のマインドです。自ら要件定義をし、意思決定をする力を備えるためにも、『マインドセット』の重要性を繰り返し伝えています」

エンジニアの育成においても、通常なら数年はかかるものを、ローコード開発に特化することで３～６カ月で育成する独自の教育システムをつくり上げている。

今後の成長戦略は、大きく３段階を想定している。最初のステージは、ローコード人材の育成・確保を通じてシステムの設計・製造にかかわる部門の自動化・省人化を進めていくことだ。

その結果、ローコード人材に対する需要が高まり、その不足をどう補うかが次の焦点になる。ここで登場するのが、ＡＩを活用した仮想知的労働者「デジタルレイバー」だ。24時間３６

5日稼働が可能で、ヒューマンエラーも防ぐことができる。「デジタルレイバー」時代の到来によって、ローコードを活用したシステム開発のあり方そのものも、より高度で効率的になっていくことが期待され、同社ではすでに試験導入を始めているという。

自動化・省人化が進んだ先に、人間が担うべき役割として最後に残るのが「ビジネスを創造する仕事になる」と松岡は考える。同社自身も「ビジネスアーキテクト」の育成に注力し、より付加価値の高いデジタルサービスやコンサルティングへ事業をシフト。社会全体のビジネス変革を主導していく未来を描いている。

「産業革命以来、社会の進化は自動化の歴史です。決して後戻りすることはない。私たちのサービスは時代が後押しをしてくれる、大きな価値を持つものだと自負しています」

株式会社BlueMeme

〒101-0054
東京都千代田区神田錦町3-20
錦町トラッドスクエア10F
☎0570-080-016
https://www.bluememe.jp/

設　立●2006年12月

資本金●9億6780万8046円
(2022年9月末日現在)

従業員数●106名
(2022年9月末日現在)

売上高●19億2974万円
(2022年3月期)

事業内容●ローコード技術とアジャイル手法を中心としたDX事業

2021年6月29日
東証マザーズ上場
(現・東証グロース市場)

サイエンスアーツ

機能や利便性だけでなく、安心感や働きがいの充足までバディコムを通じて「世界中の人々を美しくつなげる」

代表取締役社長　平岡秀一

誰でも簡単に間違わずに使えて速い。会話と同時に記録、翻訳、映像配信などが並行処理できて、拡張性も高い。最新のデジタル技術を融合した「Buddycom（バディコム）」は、デスクレスワーカーの働き方やコミュニケーションのあり方を一変する。効率や利便性の向上はもちろん、仲間の輪を増やし安心して仕事ができる、心のよりどころとなるツールにもなっているのだ。

「人・物・場所を探す時間が大きく短縮され、お客さまサービスが向上した」「運転士・車掌・パーサー間の指令や情報共有が迅速になった」「非常に音声がクリアで、重要な会話もスムーズに行える」など、サイエンスアーツのホームページには、「バディコム」を導入した企業の声が数多く動画で紹介されている。さらに注目すべきは、その顔ぶれだろう。ＪＡＬグループ、ＪＲ東海、イオングループなど、日本を代表する企業が積極的に撮影に協力しているのだ。

（注1）アドバンスト・メディアの音声認識システム「AmiVoice（アミボイス）」と連携

「動画を見ていただくのが、いちばんわかりやすい。お問い合わせも、『動画を見て』という方がほとんどです」。そう笑顔を見せるのは、社長の平岡秀一。

「私たちのサービスは、非常にシンプルで直感的。短い動画でもその機能や効果が伝わるため、すぐに具体的な商談に入れるところも強みです」

そんな同社の主力商品「バディコム」は、デスクレスワーカーをつなぐ〝ライブコミュニケーションプラットフォーム〟がコンセプト。「最先端のデジタル技術をギュッと詰め込んだ、インカムやトランシーバーの未来形」と表現するとわかりやすいだろうか。

会話のやりとりをクラウドサーバーに保存し、スマホから聞きたい時にいつでも再生できる。音声認識技術[注1]を用いて、自動で文字データに変換する。並行して翻訳も可能で、なんと18言語に対応する。さらに位置情報を確認できるほか、写真の送信、ライブキャスト（映像配信）なども可能

わが社はこれで勝負!

1万チャンネル

「Buddycom」の実際の操作イメージ

性能がいくら高くても、大人数のユーザーが同時に使ったらスピードが落ちるのでは意味がない。他社のサービスでは使用制限を設けていることが多いが、「バディコム」は無制限。1万チャンネルを同時に動かしても変わらないレスポンスの速さが強みだ。社内の開発力の高さが、システムの優位性を支えている。

になっている。また契約が異なる企業相互でも、一つのグループを作成してコミュニケーションを図ることができるのも非常に便利だ。

アイデアもシステムも研ぎ澄まされていくと、それはもはやアートになる

開発のキーワードは大きく二点。誰でも簡単に間違わずに操作ができること。そしてミッションクリティカル(注2)な場面に不可欠な、インフラとしての高度な性能と信頼性だ。

輸送・建設・小売・介護などに従事する、いわゆるデスクレスワーカーはITを苦手とする人が多く、両手で作業したり手袋をしたりなど、タブレットの操作に不向きだったりもする。そこで、よりタイムリーに手軽に情報を発信できる〝音声〟を軸に、事業モデルを構築した。

ここで特筆すべきなのが、「『バディコム』の利用者からの問い合わせがほとんどない」という点だ。「簡単に使えてトラブルがない。問い合わせがこないくらいの完成度にしたいという思いは、開発当初からありました。それは営業の現場の士気を左右しますし、お客さまにとって使いやすいサービスという証明にもなるからです」

アイデアもシステムも突き詰めていくと、研ぎ澄まされた美しさとなって表れ、それはもはやアートであるというのが平岡の信条だ。サイエンスアーツという社名、理念の一節にある「美しくつなげる」というフレーズ、いずれもが同社の事業にかける姿勢を見事に表している。

(注2) 業務の遂行に必要不可欠であり、障害や誤作動などが許されないこと

PROFILE

平岡 秀一
ひらおか ひでかず

1961年、大阪府出身。日立西部ソフトウェア（現・日立ソリューションズ）、マイクロソフト（現・日本マイクロソフト）を経て、2001年インスパイア取締役。2003年9月シアンス・アール（現・サイエンスアーツ）設立、代表取締役社長就任。

もう一つのキーワードは「バディコム」が電車の運行管理や飛行機の発着陸など、シビアな環境で使用されることが背景にある。どんな時でもシステムが止まることは許されないからだ。

「そのため世界各国にサーバを置き、障害発生時にはすぐに切り替え、24時間365日のサービス提供を確実にしています。また大量のデータを高速処理するシステムは、最も得意とする領域の一つで、大規模な現場でも安定してご利用いただけます」

同社は社員の4割弱がエンジニア。外注は行わず、自前での開発を手がけている。「まだ事業の黎明期、ある大手企業との打合せで、その場で希望を聞きながらシステムをカスタマイズし、その対応の速さと柔軟性に驚かれ、導入が決まったことがあります。開発力の高さには強い自負があります」

“ワンチーム”の姿勢を大切に信頼し合える組織をつくる

「バディコム」は、初期費用無料・ID単位でのサブスクリプションサービスだ。現在592社に導入されている。

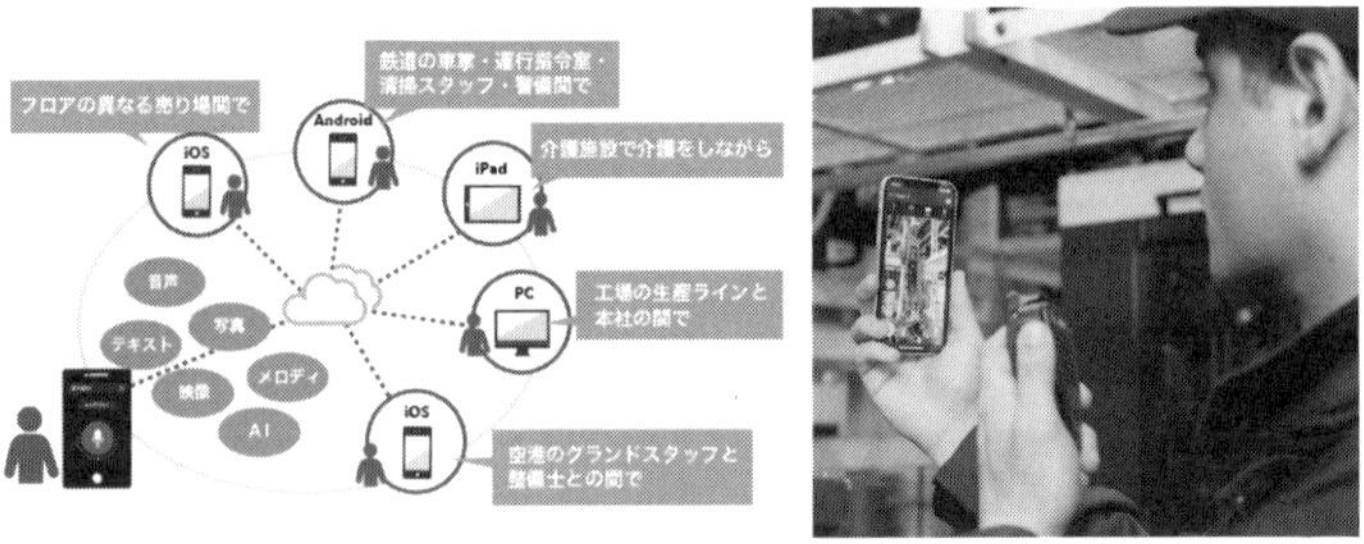

（左）「Buddycom」のさまざまな利用シーン。（右）工場内での実際の使用イメージ

興味深いのは、企業への導入がボトムアップで進むことだ。

「JR東海では、新幹線の清掃チームからの依頼でスタートしました。それが本社の目に留まり、グループ各社に広がっていったのです。この流れは嬉しいですね」

もう一つ、「バディコム」がもたらすものは、効率や利便性だけではないことも大きなポイントだ。

「例えば小売りの現場では、度重なる質問やクレーム客への対応などで〝お客さまと接することが怖くなる〟ことがあるそうです。しかし『バディコム』を導入すると、困った時はすぐに相談できるし、助けにも来てくれる。安心して働くことができるサポートにもなったのです。結果的にスタッフの定着率が上がったお店も出てきました」

導入しておしまいではなく、しっかり活用され定着していく。その結果、解約率はわずか0・34パーセントだという。

これらの「美しくつなげる」ことへの平岡のこだわりは、社内に対しても同様だ。「現在こそ上場企業ですが、創業から長く

（注3）業界を問わず特定の業務において使われること

苦しい時期が続き、会社をたたもうと考えたことが何度もあります。そんな時でも支えてくれる人がいました。お互いに助け合う、信頼し合える関係は大切だなと。社内でも〝ワンチーム〟の姿勢を大切にしています。そんな風土のおかげか、『御社の社員は明るいし、応対も丁寧だ』とお客さまからもよく褒めていただけます」

今後の展開は、「ホリゾンタルなサービスの特性」(注3)を生かして、対象領域の幅を広げていくこと と、米国を中心とする海外展開に力を入れていくことだ。

国内でも半分弱、世界では80パーセントがデスクレスワーカーといわれ、潜在マーケットは、国内1400億円、グローバルで13兆円弱になると平岡は見込む。「そう考えると私たちは、まだスタート地点に立ったばかり。さらに貪欲に、未来への投資を続けていきたいと考えています」

株式会社
サイエンスアーツ
〒162-0825
東京都新宿区神楽坂4-1-1
オザワビル7階
☎03-5846-9670
https://www.buddycom.net/

設　立●2003年9月
資本金●5000万円
従業員数●29名
売上高●6億5998万円（2022年8月期）
事業内容●デスクレスワーカーをつなげるライブコミュニケーションプラットフォーム「Buddycom」の開発・販売
2021年11月24日
東証マザーズ上場
（現・東証グロース市場）

さくらさくプラス

保育所の運営を軸に「子育てに寛容な社会」の実現へ地域や社会と子ども・保護者をつなぐ〝ハブ〟を構築

代表取締役社長 **西尾義隆**

認可保育所「さくらみらい」の運営を中心に、子育て支援住宅の開発や進学塾の経営など、〝子ども・子育て支援〟にかかわる事業を幅広く展開するさくらさくプラス。不動産開発のノウハウを生かした事業モデルと、子どもの成長に配慮した「おうちのような」保育所運営を強みに躍進。グループ力を生かしながら、「子どもたちの明るい未来のため」の理念実現を目指す。

「子どもが成長して花開いていく喜びや嬉しさを、みんなで分かち合いたい」

さくらの樹＝子ども一人ひとり、花＝笑顔と捉え、その真っすぐな思いを社名にこめたさくらさくプラス。「出産しやすく、子育てをしやすい。もっと子育てに寛容な社会をつくっていきたいという思いが、私たちの経営の根幹にあります」。そう語るのは、社長の西尾義隆だ。

「女性は、あるいは母親はこうあるべきだという従来の価値観が変容していくなかで、社会全体としてサポートする仕組みづくりが求められています。保育園はその最たるものの一つであり、〝地域や社会と子どもやその保護者をつなぐハブ〟として、提供するサービスの質をどう上げていくか、周辺環境をどう充実させていくべきか。私たちが担うべき役割は非常に多いと考えています」

同社が運営する保育所は、東京エリアを中心に現在86カ所。そのほとんどが認可保育所であり、最寄駅から徒歩10分内の「預けやすくて、勤務しやすい」利便性の高い場所にこだわってきたことが大きな特徴だ。

この好立地への展開を可能にした不動産開発力が、同社の急成長の要因の一つとしてあり、その原点には西尾のこれまでの経歴や創業時の強い思いがある。

保育所の経営は継続責任を伴う公共性の高い仕事

不動産業界で働いていた西尾が、保育事業に着手したのは2009年。「リーマンショックで業界が大打撃を受け、

わが社はこれで勝負!　**86**施設　**98.8**%

社宅併設型の保育所「さくらさくみらい江原町」

東京（80施設）を中心に、千葉・埼玉・大阪で保育所を運営し、合計86カ所。そのうちの98.8%が認可保育所であることと、92.3%が最寄駅から徒歩10分以内という利便性の高さが、競争優位性の基盤となっている。施設の利用者数は4499人。およそ1800名の保育士などスタッフが、同社のサービスを支えている。

新たな人生の選択肢を探したいと思っていたこと。また『子どもを預ける場所がなくて働くことができない』という女性の声をたびたび耳にし、この不合理な社会の構造を何とかしたいということ。これらの思いが重なり、不動産事業での経験や知見を生かすことで、保育事業において新たな仕組みづくりができるのではないかと考えたのです」

とはいえ、保育業界は全くの畑違い。「まずは0から1を生み出さなくては」と、行き詰まっていた保育所の経営を譲り受け、園児5名スタッフ5名でスタートした。

「試行錯誤しながらも気づいたのは、お客さまの喜びをダイレクトに感じられ、社会の好循環を生み出す必要不可欠な仕事であることです。一方で、理論や合理的なものでは語れない、〝人にしかできない、人の心に寄り添う仕事〟であることの重みも痛感しました」

開園から3カ月後には法人化を図り東京に進出、事業の本格展開を進めた。不動産開発力を生かした取り組みは、中央区月島の「つきしまさくらさくほいくえん」(注1)が最初になる。

「これは投資家の方が所有していただくことを前提に、土地を買い保育所を建設し、収益物件化したものです。その後も、購入いただくか地主様の土地有効活用案件として開発することで、バランスシートに負担をかけることなく、好立地での多店舗展開を可能にしてきました。また安定した収益を確保するために、オフィスや社宅との併設など、複合開発案件も手がけています」

この事業モデルは、成長スピードを上げるためだけではなく、実は社会的な責任も背景にある

(注1) 現・「さくらさくみらい 月島」

PROFILE
西尾 義隆
にしお よしたか

1973年、兵庫県出身。アイディーユー（現・日本アセットマーケティング）を経て、自身の経験を保育所整備に役立てるべく、2009年にブロッサム（現・さくらさくみらい）を創業。代表取締役社長に就任。

という。「保育所の経営は、継続していく責任がある公共性の高い仕事です。採算をしっかり考え、ビジネスとして成立していく道筋を立てていくことが非常に重要になるからです」

この〝公共性〟という自負は、上場を目指した理由にもつながっている。「『子どもたちの未来をつくる』という事業を、社会全体で応援してもらえるように」。株式投資を通じた参加のあり方を提案したかったのだという。

２０２０年には、保育園特化型の不動産ファンド「保育園みらいファンド」も開始、現在、第３号ファンドが運用されている。これも不動産事業への知見と理念が相まった、同社らしい取組みといえるだろう。

施設運営の特徴は、「おうちのような保育園」がキーワードになる。「子どもたちの主体性を伸ばし、やりたいと思う能力を引き出すことが基本的なポリシーです。子どもが無条件に安心して過ごせるように、保育面も設備面もしっかりとその受け皿になる。第２の自宅のような場所を目指しています」

（左）子どもの成長に配慮した保育所「さくらさくみらい」の園舎内の様子。
（右）中学受験を主体とした進学塾「VAMOS」の授業風景

社内の対話を大切に「保育のホワイト化」も推進

そのために重要なのが、人材の力だ。人手不足が続く業界なだけに、西尾はこの点に何よりも腐心してきた。

まず採用面では、会社が目指していることをしっかり発信し、ミスマッチを防ぐことを心がけた。入社後は、対話の機会を積極的に設けている。「どこが問題か、何が大切か。保育の基準やマニュアルも、現場の声を聴きながら作成してきました。また相談の受け皿として本部に専門の部署を設け、多くの時間を割いています。特に今回のコロナ禍では、現場のスタッフの精神的な負担が増えており、一層気を配ってきました」

ほかにも、社内の適正な関係づくりのための360度評価や、拠点間の情報共有を深める勉強会も定期的に実施。近年は休日の拡大や持ち帰り仕事の削減、コンプライアンスの遵守など、異業種からの参入であることを生かした既成の価値観にとらわれない施策を進め、「保育のホワイト化」を促進している。

かつて「待機児童問題」が頻繁にメディアを賑わせたが、近年は少し様相が違っている。規制緩和による新規参入の急増と少子化の進展によって、市場が飽和しつつあるのだ。

そこで近年注力しているのが、「子育て支援新サービス」の強化だ。子会社の設立もしくはM&Aによって4社を立て続けにグループ化し、積極的な事業投資を進めている。

さくらさくパワーズは港区西麻布で子育て支援住宅の開発に着手し、VAMOSは4校目となる御茶ノ水校舎を開校。みらいパレットは、保育園での〝日常〟を写真で伝えるサービス「さくらさくフォト」を開始した。みんなのみらいは、子育てカフェ「みらいのテーブル」を門前仲町にオープンしている。保育サービスを軸に、子育てにかかわる多様なニーズに応えていくことで、「子育てに寛容な社会をつくる」というビジョン実現に向けた、確かな〝みらい〟を描いている。

株式会社さくらさくプラス
〒100-0006
東京都千代田区有楽町1-2-2
東宝日比谷ビル
☎03-5860-9539
https://www.sakurasakuplus.jp

設　立●2017年8月
（創業2009年）

資本金●5億7456万円

従業員数●2004名（連結）

売上高●119億9200万円
（2022年7月期）

事業内容●保育所「さくらさくみらい」を中心に子ども・子育て支援事業を展開

2020年10月28日
東証マザーズ上場
（現・東証グロース市場）

フレクト

高い開発力と提案力、マルチクラウドの知見を強みに新しい顧客体験をカタチにする〝攻めのDX〟を支援

代表取締役CEO 黒川幸治

「あるべき未来をクラウドでカタチにする」をビジョンに、顧客接点の変革からビジネスモデルの変革まで、デジタル化を通じた新しい顧客体験（価値）の創出を目指すフレクト。その中心に置くテーマは、企業の競争力を高める〝攻めのDX〟の支援だ。同社の開発力への評価は高く、クライアントには、日経225銘柄をはじめ日本を代表する大企業がずらりと名を連ねている。

salesforce.com, inc.（現・Salesforce, Inc.）が主催する世界的なイベント「Dreamforce2019」において、日本企業として初めてイノベーションアワードを受賞し、2022年にはコンサルティングパートナーとして最上位ランクの「Summit」に認定。Amazon Web Services, Inc.（AWS）からも、日本企業初の「Amazon Chime SDKパートナー」に選ばれた。クラウド業界の最先端を走る2社のこの評価からも、フレクトの開発力が世界レベルでも高い水準にあることがわかるだろう。

その強さの起点となるキーワードが、マルチクラウドだ。同社は、この2社のサービス以外にもMuleSoftやHeroku（いずれもSalesforceが買収したクラウドサービス）、さらにMicrosoft Azure、Google Cloud Platformなど、複数のクラウドを手がけていることを特徴とする。

「それぞれの長所や短所を理解して、顧客企業の要件に最適なクラウドプラットフォームを選定。さらに必要なクラウドや先端テクノロジーを組み合わせて、新たな価値を創出していくところまで。顧客接点のアプリケーション開発を起点とした、ワンストップサービスにこだわってきました」とCEOの黒川幸治は語る。

企業や社会への提供価値の最大化を使命に

大学時の起業経験をもとに、黒川が同社を立ち上げたのが2005年。「Webやモバイルアプリケーションの開発が事業の中心で、リクルートが当時のメインのお客さまで

わが社はこれで勝負!　国内初

「Salesforce Partner Innovation Awards」受賞シーン

Salesforce, Inc.のパートナープログラムに参加する世界中の企業から選出される「Salesforce Partner Innovation Awards」を、日本のパートナー企業として初めて2019年度に受賞した。国内でも「Partner Award "Innovation Partner of the year"」を2度にわたり受賞するなど、いくつものアワード受賞実績を持つ。

した。まだ当社も数名ほどの小さな規模でしたが『よりスピーディーにサービスを発展させるため、機動力高く動ける会社を探していた』ということで、私たちの意気込みを買って仕事を任せていただきました」と当時を振り返る。

「手がけていたのは、会員登録や予約の申し込み、広告主側の管理機能の作成など。私たちが強みとするフロントエンド（顧客接点）の開発は、ここからスタートしています」

その後の成長の転機は大きく二点。２００８年のリーマンショック後に業績が下降し、「先端のテクノロジーを吸収して、高い付加価値を提供できる会社にならないと企業として存続できない」と、マルチクラウドを事業の中核に置いたこと。そして、２０１５年の成長戦略への転換だ。

「私たちの評価や認知の高まりとともに仕事の引き合いも増えてきたのですが、当時は『少数のリソースで限られた顧客企業によい仕事をする』ことをモットーとし、依頼をお断りすることが続いたのです。しかも、そのお断りした企業のプロジェクトが失敗したという話を幾度も聞き、この経営方針でいいのだろうかという疑念が湧くようになりました。その結果、『企業や社会への提供価値を最大化させ、社会の発展に貢献することが当社の使命である』と判断して、成長戦略に舵を切ることにしたのです」

さらにこのタイミングで、salesforce.com, inc.からの出資を引き受け、株式上場をも視野に入れた。それから6年後、みごとに東証マザーズへの上場を実現している。

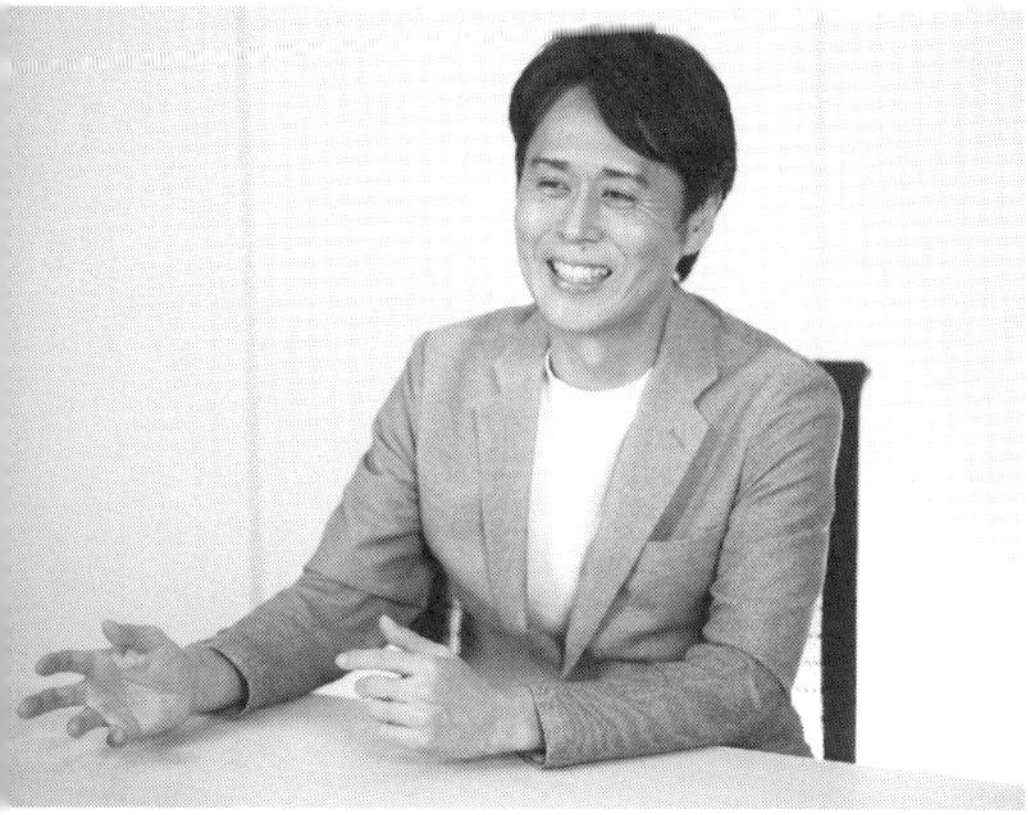

PROFILE

黒川 幸治
くろかわ こうじ

1979年、広島県出身。國學院大学在学中に起業。2005年8月、フレクトを設立。代表取締役CEO就任。

「10年後も求められる人材」の輩出へ、教育にも注力

顧客接点の領域に強みを置くからこそ、同社は〝守り〟ではなく〝攻めのDX〟に主眼を置いた。IoT/Mobility、AI、企業間EC、オンラインビデオ、コミュニティ、シェアリングやマッチングサービスなど、新しい顧客体験（価値）を創出し、企業のデジタル変革を継続的かつトータルに支援する。

「単一のデジタルサービス開発にとどまらず、ビジネス全体のデジタル変革に必要なデジタルサービスを複合的にカバーすること。一つつくって終わりではなく、これらを束ねてシームレスに連携させることでビジネス全体のデジタル変革につなげていくこと。この組織の能力と、俊敏性の高さが私たちの強みです。またサービス企画において、顧客企業やその先にいるユーザー、そして社会の真のあるべき姿を考え、顧客企業の期待の上を行く提案をすることも心がけています」

一方、成長戦略への転換とほぼ時を同じくして新たにスター

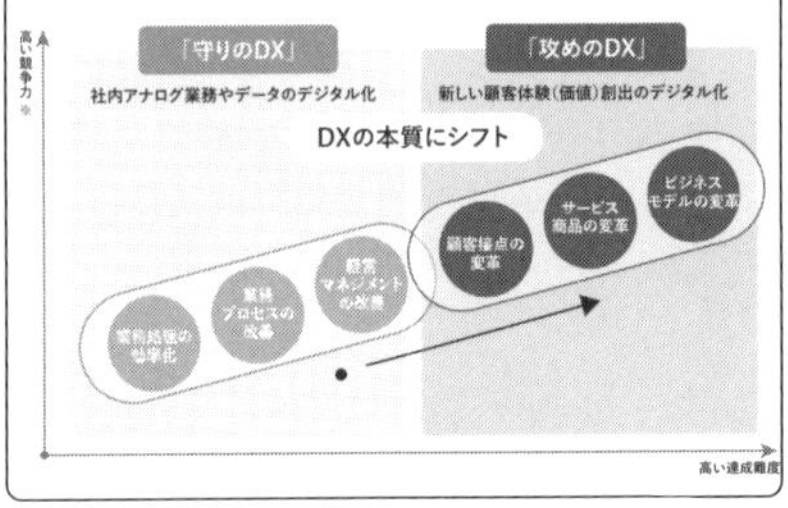

フレクトが主眼に置く「攻めのDX」のイメージ

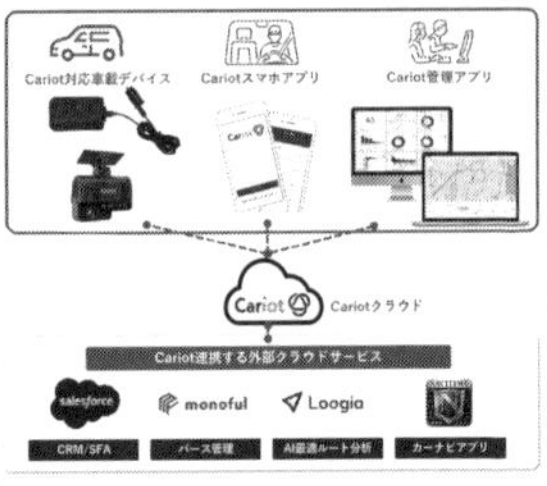

「Cariot」のサービス展開図

トしたのが、クルマと企業をつなぐドライバー働き方改革クラウド「Cariot（キャリオット）」だ。

これは物流・訪問サービス・営業等で利用する商用車の、リアルタイムな情報活用と管理業務のDXにより、現場の業務効率化と安心・安全を提供するサービスとなる。

クルマの位置情報をリアルタイムに社内外の関係者に簡単に共有できて、これまで紙で記録していた運転報告書をデジタル化。企業ごとに必要な項目を自由にカスタマイズできる特徴を持つ。「ドライバーを中心にクルマにかかわるすべての人が、プロとして本業に集中できる環境づくり」がミッションだ。

人材育成のテーマは、マルチな専門性を育む仕組みと人づくり。同社では、「レジュメの価値の最大化、10年後も求められる人材に」のメッセージを社内外に掲げ、エンジニアやマネージャーとして将来にわたって市場価値が出せるキャリア形成を実現する、そのための機会提供に注力している。

具体的には、教育専門のチームを立ち上げ教育施策を推進し、年に60回ほど開催される社内勉強会や、「1人の新入社員に、トレーナーとメンターが1人ずつ付く」支援体制などを構築。いくつもの教育メニューのPDCAサイクルを回し、「クラウド未経験者でも現場アサインまで約1カ月で到達できる」という非常に本格的なものとなっている。
「マルチクラウドの最新技術に触れ、IoTやAIなど先端テクノロジーを活用した実践開発ができる。日本を代表する大手顧客企業を相手にコア事業のDXで仕事ができる。エンジニアといえども開発だけではなく企画の立案や要件定義など上流工程から携わることができる。私たちの仕事は、エンジニアの方にとって非常に魅力とやりがいに溢れるものだと思っています。今後も、社会の明るい未来をつくることに貢献し、より多くの方に魅力を感じていただける会社でありたいと考えています」

株式会社フレクト
〒105-0023
東京都港区芝浦1-1-1
浜松町ビルディング11F
☎03-5159-2090
https://www.flect.co.jp/

設　立●2005年8月
資本金●6億8600万円
従業員数●212名
(2022年9月末日現在)
売上高●36億4200万円
(2022年3月期)
事業内容●DX支援のプロフェッショナルサービス「クラウドインテグレーションサービス」、クルマと企業をつなぐドライバー働き方改革クラウド「Cariot（キャリオット）サービス」
2021年12月10日
東証マザーズ上場
(現·東証グロース市場)

スローガン

優秀な学生と有望なスタートアップの出会いを起点に新産業創出を主導する人材輩出の基盤をつくる

代表取締役社長 伊藤 豊

「よい大学を出たら、有名大企業に就職するのが当たり前」。そんな既成の価値観を覆し、キャリアデザインの新たな道筋を切り拓いてきたスローガン。学生・スタートアップ双方の頼れる相談相手となり、それぞれの成長とともに事業を拡大してきた。その中核にあるのが、「人の可能性を引き出し、才能を最適に配置することで、新産業を創出し続ける」という確たる理念だ。

「せっかく〝新卒カード〟を持っているのだから、有名大企業を目指したほうがいい。中小やスタートアップならいつでも行ける。ファーストキャリアにはやはり大企業を選ぶべきだ」

就活の相談に行くと、今でもこう語る社会人は少なくない。「著名な起業家も大企業出身が多い。将来的に起業を目指す場合でも、大企業に就職したほうがいいのではないか」、そんなアドバイスもよく聞く。しかし、ここには大きな齟齬《そご》があるとスローガンの伊藤豊社長は語る。

「一つは、時間軸の問題です。10年20年のスパンで見た時に、現在の大企業はその時から大企業だったか、今ほど人気があったのか。当時その企業に就職することは勇気ある決断だったかもしれません。そしてもう一つ、大企業が新卒にしか採用の門戸を開かなかった時代は終わりを迎えている。このトレンドも重要なポイントです」

DXの推進など、経営のデジタル化は加速度的にスピードを増し、大企業でもスタートアップ的な発想が重要視されるようになった。結果、スタートアップで早くから経営に近い場所で実績を積み、あるいはデジタルに精通した若い即戦力の求人ニーズが高くなっているのだ。

それとともに同社のあるべき姿も変わってきた、と伊藤は言う。「創業から17年が経ち、多くの採用をご支援し、新入社員がその企業の役員に就任したり、起業して実績を出したり、あるいは大企業に転職し活躍する人も増えてきました。そう考えた時、私たちは従来の〝優秀な学生と有望

わが社はこれで勝負!　1万4000人　68%

次代を創るビジネスリーダーのためのキャリアサイト「Goodfind」

「Goodfind」に登録する2023年卒学生の登録会員数は、1万4000人。母数としては小さいが、東大・京大・早稲田・慶應など、高学歴といわれる27大学の学生が全体の68%を占めるのが特徴だ。さらに「安定・ブランド志向」の学生ではなく、「リスクテイク志向」が高い層が中心であることも強みとなっている。

なスタートアップとのマッチング〟という枠組みを超え、〝経営人材を社会に輩出する企業〟としての使命を担う、新たなステージに立ったと感じています」

それぞれの思いにしっかり向き合い、認知ギャップを丁寧に埋めていく

伊藤の最初の就職は誰もが知る超大企業。その後30名規模の小さな会社に出向したことで、意識が大きく変わった。それは、小さくてもやりがいのある仕事ができる会社があること。それでも無名がゆえに、求人に苦戦する現状を知ったこと。

創業は2005年。たった一人、「人材や教育関連で何かをする」くらいの何もないところからの出発だった。そんな伊藤のもとへ一人の学生がインターンとして参加し、学生の持つポテンシャルを実感。出向時代の記憶が交錯し、スタートアップと優秀な学生をマッチングさせる事業の可能性に目を付けた。サービス名は「Goodfind」、掘り出し物を探すという意味だ。

もっとも当時は「スタートアップに優秀な学生が来るわけはない」と誰もが思い込んでいた時代。意識を変えるのは生易しいものではなかった。

そのなかで、「社会人が受けるような本格的なセミナー」の無料開放などで学生のファンを増やし、一方で「出身大学別に経営者をインタビューする雑誌（OB・OGガイドブック）」の創刊を通じて、経営者との距離を縮め、企業の目利き力を高めていった。

PROFILE

伊藤 豊
いとう ゆたか

1977年、栃木県出身。東京大学卒。日本IBMに入社し、システムエンジニア、新規ビジネス企画、本社マーケティング部門などを経て、2005年10月にスローガン設立、代表取締役社長就任。

少しずつ優秀な学生と有望なスタートアップのネットワークが広がっていくなかで、ある時採用マッチングに取り組むと、これが「依頼主も驚くほど」の大きな成果を得た。ここから新卒採用支援事業が本格化していく。

その後、リーマンショック、東日本大震災の影響などで、学生の仕事観や企業観が変化し、カリスマ起業家がメディアの注目を集め、スタートアップブームも起きた。フォローの風は少しずつ強くなり。いまや「優秀な学生が新卒でスタートアップに入社すること」は、ごく当たり前の選択肢になった。

学生・企業それぞれの課題や期待にしっかり向き合い、認知ギャップを丁寧に埋め、行動変容を生み出していく。このような手間を惜しまない愚直な姿勢が同社の信頼の基盤にある。

新産業の創出を理念に掲げ、まず自らが体現する

「Goodfind」が着実に支持を広げていくなかで、同社は次々と新サービスを打ち出している。スタートアップに特化した転職

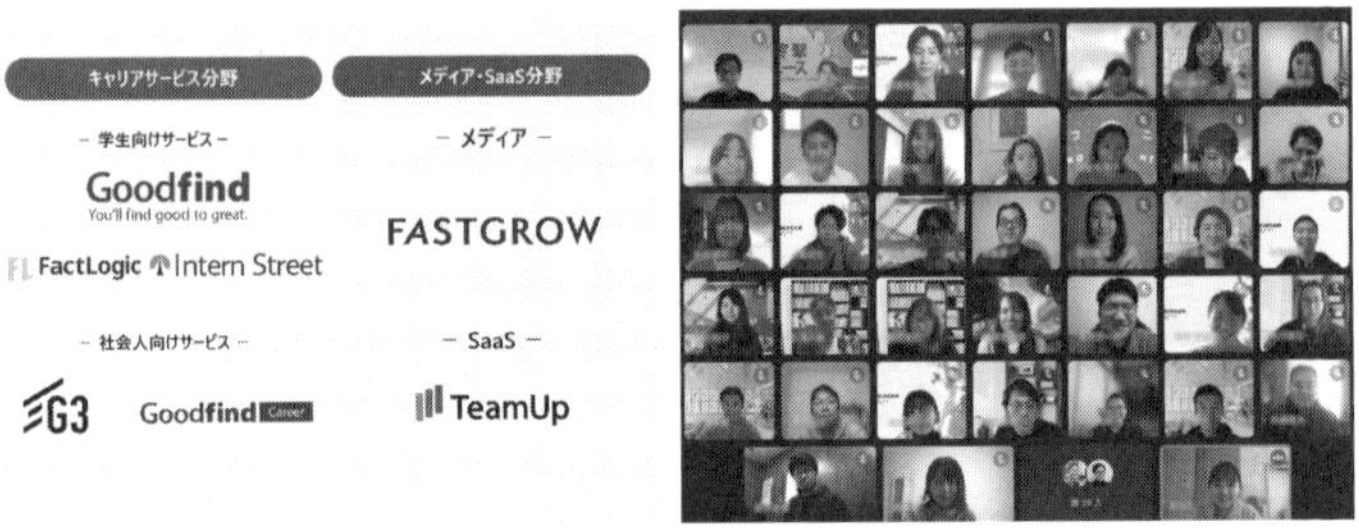

（左）スローガンのサービス一覧。（右）サービスも業務も〝完全フルリモート〟を実現。働き方だけでなく採用のあり方も大幅に変革された

エージェントサービス「Goodfind Career」や、外資／日系コンサルティングファームの内定を目指す就活生のための就活対策メディア「FactLogic」、さらにはＳａａＳ型１ｏｎ１支援ツール「TeamUp」や、若手イノベーション人材向けビジネスメディア「FastGrow」などの、求人以外の事業も拡大している。「新産業の創出を理念に掲げるなら、自らが体現できる力を持つべきだ」。そんな伊藤の思いが、開発の原点にある。

これまでスタートアップと大企業の採用は、二項対立で捉えられがちだったが、着実に変わりつつあるようだ。実際に、優秀な学生のスタートアップ志向が高まることで、有名大企業側の意識も刺激され、同社への相談が増えているという。

「今後は、企業の規模やステージ、知名度ではなく『イノベーションを起こし、新産業を創出しようとする企業かどうか』が、学生の企業選別の判断軸になってくるのではないでしょうか。私たち自身もより視点を広く、『日本の成長分野への人材移動と労働市場の健全化』を、次なる命題に掲げています」

（注1）取引社数464社→2500社。1社当たり取引金額305万円→4500万円（現在の最上位取引金額は約5000万円）で試算

政府は年頭会見で、2022年を「スタートアップ創出元年」と位置づけ、経団連も3月に「スタートアップ躍進ビジョン」を打ち出した。さらなる追い風を受けて、同社は市場のポテンシャルを今の約70倍(注1)と見込み、業容の拡大に注力する。その一つの軸が教育だ。「スタートアップ人材に特化したコンテンツであれば、当社らしさを発揮できるのではないか」と伊藤は目論む。

「人材領域の上場企業は多く、ややもすると私たちはニッチな存在として埋没しがちです。しかしクライアントの皆さまからは、『スローガンの代わりになれる会社はない』と言っていただき、それが私たちの確固たる自負になっています。新しい産業が創出されていくなかで、私たちが寄与できている部分が大きいのであれば、必然的に私たちも成長し続けることはできるはず。そのポテンシャルは想像以上にあるのではないかと期待しています」

スローガン株式会社

〒107-0062
東京都港区南青山2-11-17
第一法規本社ビル３階
☎03-6434-9754
https://www.slogan.jp

設　立●2005年10月
資本金●1000万円
従業員数●120名（連結）
売上高●14億1800万円（2022年2月期）
事業内容●新産業領域への人材支援を中心とする各種サービス提供

2021年11月25日
東証マザーズ上場
（現・東証グロース市場）

リニューアブル・ジャパン

社会性を追求する企業文化と高い金融ノウハウを基盤に一気通貫の事業モデルで再生可能エネルギーの未来を担う

代表取締役社長 眞邉勝仁

土地の取得から行政許認可、造成・EPC(注1)、発電・運営などまで、再生可能エネルギー事業にかかわるすべての工程を一気通貫で展開。なかでも、入り口(資金調達)から出口(金融商品化)までの高度な金融ノウハウが、事業拡大の起点となっている。「グリーンIPO」を国内で初めて実現し、プロジェクトボンド(グリーンボンド)発行額は国内最大のシェアを持つ。

「石炭などの化石電源の割合を緩やかに減少させつつ、再生可能エネルギーの割合を36～38パーセントにし、温室効果ガスの削減割合を46パーセント、さらには50パーセントの高みを目指す」

これは2021年10月に閣議決定された、第6次エネルギー基本計画の骨子だ。特に太陽光の拡大を強化し、2030年度までに発電量の倍増を目標に掲げた。金額に換算するとおよそ6兆円(注2)、市場の成長余地があると考えられている。

(注1) Engineering(設計)、Procurement(調達)、Construction(建設)の略称。プロジェクトの建設工事請負(主に電気工事)を指す

(注2) 1MW=1億円として、リニューアブル・ジャパンが試算した数値

一方で、ＦＩＴ制度（固定価格買取制度）に支えられた安定した事業モデルは終わり、大きな変革期を迎えたといえるだろう。だからこそ、「より専門性の高い、独自の優位性を持った企業しか生き残っていけないのではないか」と、リニューアブル・ジャパン社長の眞邉勝仁は語る。

では、同社の優位性とは何か、そのキーワードになるのが「一気通貫体制」であり、「太陽光発電所という金融商品をつくれる会社」であることだ。

「開発候補地を見つけるとすぐ、造成や発電設備の投資コストを算出し、どう運用してどれだけの収益が上がるかの試算を、同時並行して進めていきます。『この発電所は金融商品として魅力があるかどうか』、その判断の目利きとスピードこそ私たちの真骨頂であり、ＥＰＣやＯ＆Ｍ（注3）を内製している一気通貫体制が、その強力な基盤になっています」

眞邉は、自らのことを「デッドがよくわかっているエクイティプレーヤー（注4）」と表現する。フィージビリティ（事業

わが社はこれで勝負！　11件902億円

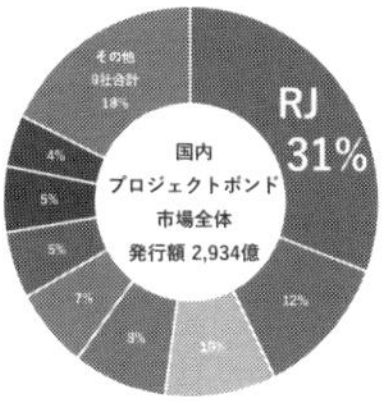

グリーンボンド格付（R&I）
GA１（最上位の評価）

プロジェクトボンドの発行実績と国内シェア（※）

リニューアブル・ジャパンの国内プロジェクトボンド発行実績は、業界内でも突出しており、2022年9月末までに、11件902億円の実績を誇る。これは市場全体の発行額のおよそ3分の1のシェアとなる。また格付投資情報センター（R&I）によるグリーンボンド格付では、最上位評価の「GA1」を取得している。

（※）日本証券業協会「証券化市場の動向調査」などをもとに、リニューアブル・ジャパンが集計したもの

性）とバンカビリティ（融資の判断基準）のそれぞれに精通し、デッドとエクイティを上手に組み合わせ、金融機関や投資家が購入したい商品に仕上げることを得意とする。

「発電所をつくるだけでなく、その後の出口も同時に仕組み化していかなければ、潤沢な資金を持っている事業家しか参入できず、市場は広がっていきません。業界全体を盛り上げていくためにも、絶えず先陣を切って新しいスキームをつくり出していくことは、フロントランナーとしての私たちの重要な使命だと考えています」

証券化ビジネスの経験を生かして、再生可能エネルギー事業の新たな可能性に挑戦

このような高度な金融スキルは、リーマン・ブラザーズなど世界の金融の最前線で揉まれてきた、眞邉の経歴に負うところが大きい。リーマン・ブラザーズでは、証券化の部署を創設し、日本の証券化をリードした。また、外資系投資ファンドで代表を務めた際には、インドの太陽光発電事業に携わっており、ここで再生可能エネルギー事業との接点が生まれている。

転機は、東日本大震災だった。太陽光で稼働する浄水器を自ら被災地に届け、現地の惨状を目の当たりにするなかで、「自分には何ができるか」と深く自問する機会が生まれたのだ。「福島の原発事故の影響もあり、再生可能エネルギーへの期待が高まるなか、これなら復興に貢献できて、証券化ビジネスに携わってきた経験を生かした独自の事業モデルをつくれるのではないか」。そ

（注3）Operation & Maintenanceの略称。発電所の管理・メンテナンスを指す

（注4）デッドは、社債発行や銀行借入などにより調達する他人資本。エクイティは、新株や新株予約権付社債の発行などで調達する株主資本のこと

PROFILE

眞邉 勝仁
まなべ かつひと

1965年、東京都出身。マサチューセッツ州立大学経営学部卒。リーマン・ブラザーズ、バークレイズ証券などの外資系金融機関を経て、2008年8月ザイス・ジャパン代表取締役。その後、2012年1月リニューアブル・ジャパン設立、代表取締役社長就任。

う考えた眞邉は、２０１２年に同社を立ち上げる。

事業の強みには、地域・技術・金融の３つのキーワードが挙がる。地域とは、全国28カ所の拠点や豊富な開発実績、自治体や住民との信頼関係などのこと。地域の雇用創出においても、良好な関係が生まれているという。

技術においては、大手ゼネコンと同様の免許である特定建設業の許可を取得し、自ら施工部隊を保有していること。そして内製化されたＯ＆Ｍ部門の存在だ。後者は、他社受託の実績が拡大し、単体でも主役を張れるほどに存在感を高めている。さらに２０２２年には「ＲＪアカデミー」を立ち上げ、次世代を担う電力インフラ技術者の育成にも力を入れている。

金融の強さを象徴するのは、累計９００億円超となるプロジェクトボンドの発行実績だ。国内、海外の生損保などの大手機関投資家の間で、〝安心のＲＪブランド〟として評価を高め、市場に出すと、すぐに売り切れるほど人気だという。

一方、２０１７年の東急不動産との資本業務連携によって、

（左）初の海外案件、スペインのソコボス発電所（21.6MW）。
（右）岩手県一関市大東発電所（42.3MW）

再生可能エネルギー事業の川上から川下までをカバーする体制を共同で構築し、2021年には「国内初のグリーンIPO（注5）」を実現。RJのブランド力はさらに強化されていった。

初の海外案件となるスペインの太陽光発電所を取得

「再生可能エネルギーという事業の社会性と将来性、グローバルな舞台で活躍できること、さらに金融のプロとしての仕事もできる。私たちの仕事はいろんな〝いいとこどり〟ができて、やりがいがある。就職人気も非常に高くなっています」と、眞邉は笑顔を見せる。

そして、チームワーク、リスペクト、ロイヤリティ、イノベーションの4つのバリューを軸に、未来を動かす強い組織をつくっていきたいと言葉を続ける。

今後の成長戦略は、まず「ナンバーワンになれるもの」を増やしていくことだ。RJアカデミーやO&Mをはじめ、エネルギーテック（ソーラーバリュー事業）などが、その候補になる。

（注5）国際資本市場協会（ICMA）のグリーンボンド原則を参照して新たに策定した枠組み
（注6）一般社団法人 再生可能エネルギー長期安定電源推進協会

なかでも成長戦略の核となる海外事業では、日射量が多く太陽光発電の適地となる丘陵地帯が豊富なスペインに着目。2022年9月に初の海外案件となる21・6メガワットの太陽光発電所を取得した。今後も欧米を中心に、案件発掘・獲得に向けた取り組みを加速させていく。

そして何よりも大きなテーマが、Non-FIT時代に向けた再生可能エネルギー事業の新たな仕組みづくりだ。眞邉は2019年に業界団体であるREASP(注6)を立ち上げ、初代代表理事に就任。関係省庁などとの情報交換や政策提言を通じてあるべき未来を提唱してきた。

「再生可能エネルギーの今後は厳しいという意見もありますが、私はまだここから大きく伸びていくと考えています。何年後かには、そういう話をしていた方たちと、『だから言ったでしょ』と笑顔で語り合える、そんな未来をみんなでつくり上げていきたいですね」

リニューアブル・ジャパン株式会社

〒105-0001
東京都港区虎ノ門1-2-8
虎ノ門琴平タワー6F
https://www.rn-j.com/

設　立●2012年1月

資本金●46億2490万円（連結）（2022年9月末日現在）

従業員数●275名（連結）（2022年9月末日現在）

売上高●159億5000万円（2021年12月期）

事業内容●再生可能エネルギー発電所の開発・発電・運営管理

2021年12月22日
東証マザーズ上場
（現・東証グロース市場）

ミダックホールディングス

廃棄物の一貫処理体制を強みに高成長・高収益を持続 市場をリードし業界の社会的地位向上にも注力

代表取締役社長 **加藤恵子**

「水（ミズ）・大地（ダイチ）・空気（クウキ）を未来につなぐ」。社名に込めたその理念とともに、着実に成長を続けるミダックホールディングス。収集運搬から中間処理・最終処分までの廃棄物の一貫処理体制を強みに、さらなる投資を推進。高い収益力と、朴訥で誠実な企業文化を基盤に、循環型社会の確立を担う「業界を代表する真のリーダー」を目指す。

２０１７年12月に名証二部に初の上場を果たすと、翌年東証二部へ。さらに翌年には、東証一部・名証一部へと一気にステージを駆け上がった。この間、株価は顕著なまでに右肩上がりのグラフを描き、最大時には名証二部上場時の公開価格の40倍近くにもなっている。

産業廃棄物処理業と聞くと、旧態依然としたイメージを持つ人がまだまだ多いかもしれない。しかし、いまや「将来を嘱望される成長産業」であることを、ミダックホールディングスの快進

（注1）環境省発表「産業廃棄物処理施設の設置、産業廃棄物処理業の許可等に関する状況」2020年4月1日現在データ

撃が、みごとに示したといえる。PERや時価総額の高さからも、マーケットの期待の高さがわかるだろう。

「上場は業界のイメージを塗り変えるために欠かせない〝白い絵の具〟でした」。そう語るのは、社長の加藤恵子。前職の税理士法人で同社の担当をしていた縁で入社し、役員として上場準備を主導。2019年4月に経営を受け継ぎ、さらなる成長を牽引してきた。

「このままでは『17年後(注1)には全国で1000万トンの産業廃棄物が行き場を失う』といわれ、最終処分場の確保は喫緊の命題です。産業廃棄物処理業が、社会に必要不可欠な大切な仕事であるという理解や共感を増やすためにも、クリーンな業界であることや、エッセンシャルワーカーとしての誇りをしっかりと伝えていきたい。これは創業時から受け継いできた、経営の原点となる思いです」

そもそも2000年公布の循環型社会形成推進基本法には、リデュース、リユース、リサイクルとともに、熱回収、適

わが社はこれで勝負!

319万㎥

「奥山の杜クリーンセンター」全体像

2022年2月から稼働を始めた管理型最終処分場「奥山の杜クリーンセンター(静岡県浜松市)」の許可容量は、同社最大かつ東海エリアでも最大級の319万㎥。同社の「一貫処理体制」を担う大きな柱となるとともに、関東・関西地区からの受け入れも予定し、今後の継続的な成長に向けた起爆剤になると見込む。

正処分の記載があったが、2019年、プラスチック資源循環戦略の基本原則に「3R+Renewable」が掲げられたことで、あらためて産業廃棄物処理業への理解や注目度が高まっている。

特定の廃棄物や業種に依存しない、時代の変化に強い企業体質を確立

創業は1952年。し尿・ごみの収集運搬を主業として、熊谷忠平が小島清掃社を立ち上げたことがその始まりだ。1969年に産業廃棄物処理事業へと軸足を移し、その3年後には静岡県浜松市に最終処分場を設置した。「以降50年にわたり培ってきた、最終処分場の開発・運用のノウハウは私たちの非常に大きな財産になっています」

その後、焼却・破砕・水処理・コンクリート固化などの中間処理施設も強化。独自の「廃棄物の一貫処理体制」が築かれてきた。「一貫処理体制の強みは、大きく二つ。不適正処理や不法投棄をされる心配がなく、お客さまが安心して廃棄物を委託することができること。グループ内で排出される廃棄物の処理を内製化することで、中間処理施設のコスト削減を実現し競争力を高められること。特に最終処分場の存在は、高い収益の源泉になっています」

もう一つ、多くの許可や処理施設を持つことで、特定の廃棄物や業種に依存しない経営が成り立つ。安定したポートフォリオを実現し、時代の変化に強い企業体質をつくり出してきた。

株式上場を目指したのは2004年ごろから。「業界の底上げ」や、「継続的な成長を可能とす

PROFILE

加藤 恵子
かとう けいこ

1970年、愛知県出身。名古屋大学卒。2001年に税理士登録。デロイトトーマツ税理士法人勤務を経て、顧問先のミダックホールディングスへ。取締役経理統括部長として上場に貢献。2019年4月に代表取締役社長就任。

る組織経営の実現」といった創業家の熱い思いが、その背景にあったという。

その後「上場を可能にする企業体制に向けて、資本と経営を切り離す」という提案を受け入れ、創業家の役員は専務を除きすべて退任したことで、本格的な上場準備がスタートする。「創業家の皆さまの真摯な思いに触れ、私自身この会社に身を投じることを決意しました」と、加藤は当時の思いを振り返る。

上場を可能にした大きな決断の一つが、最初の舞台に名証を選んだことだ。「地元の企業にスポットを当てたい」という親身なサポートは、非常にありがたかったという。

そしてもう一つ、コンプライアンスにおいて「完璧なまでに真っ白」を追求してきたこと。「私たちの業界は『総論賛成・各論反対』の代表的なもの。誹謗中傷の種を生まないように、求められる以上に本格的な反社チェックを行ってきました」

リーマンショックなどの影響による市場環境の悪化で、当初の上場予定はいったん延期し、「上場が難しい業界だからこそ、

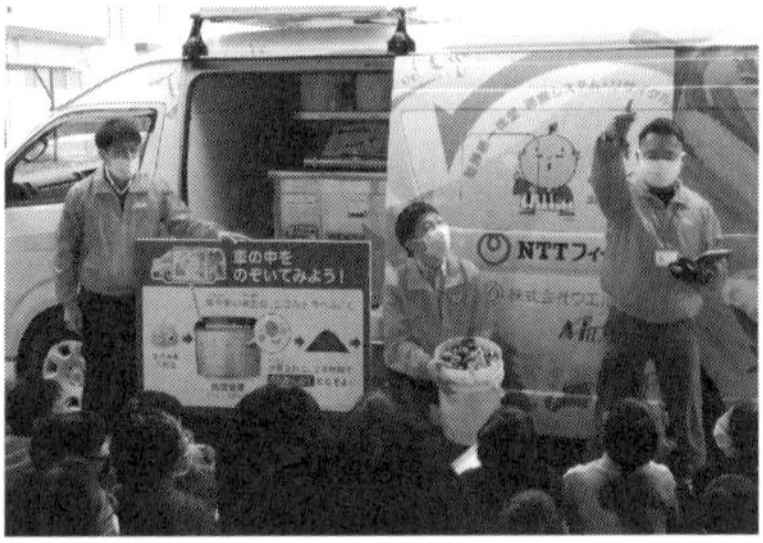

（左）2019年12月24日、東京証券取引所第一部銘柄指定時の集合写真。
（右）移動式循環リサイクルカーを使用して、市内の小学生や市民向けに実施した環境授業の様子

その後の成長がしっかり見せられるように」と、加藤は最適なタイミングを探した。そして２０１５年、最終処分事業を運営する三生開発のＭ＆Ａを実現したことで決断する。

さらに東証二部上場と時を同じくして、東海地区最大規模となる管理型最終処分場「奥山の杜クリーンセンター」の許可を取得。中長期にわたる成長戦略が見えやすくなったことで、投資家から多くの注目を集めた。

次なる10年を見据えた「Challenge 80th」を発表

上場と並行して、人事評価制度の仕組みも再構築した。役割等級制度の導入に始まり、社内共通研修や部門専門研修など、教育の仕組みづくりにも力を入れてきた。

「当社の社員は、人に感謝されることにやりがいや価値を見出す、素直で真面目な人が多いことが特徴です。そんな素敵な社員がもっと輝ける会社になるようなバックアップ体制の強化は、私の今後の重要な役割だと考えています」

（注2）コロナ禍の影響を受け、2022年度は「大抽選会」を実施した
（注3）ミダック・サステイナブル・ライフポイント制度

環境事業を手がける同社にとって、ＳＤＧｓも大切なテーマだ。自治体との「包括連携協定」などをいくつも進めるほか、地域住民のためのイベントとして「ミダック祭」(注2)を定期開催。環境・社会に貢献する活動として会社で定めたものを行うとポイントが付与され、還元金が支給されるという、手作りの「ＭＳＬＰ制度」(注3)も独自の個性が溢れている。

創業70周年の節目となる２０２２年、「ミダックグループ10年ビジョン『Challenge 80th』と中期経営計画」を発表した。まずは成長加速のための基盤づくりのため、５年間で約１５０億円の設備投資を予定。「２０２７年３月期の売上高１００億円、経常利益50億円」を目標に定めた。

さらにＭ＆Ａの強化や、巨大マーケットである関東進出も予定。高収益・高成長を両立させながら、社会に必要とされ続ける〝次なるステージ〟に向けた会社の未来を描いている。

株式会社
ミダックホールディングス

〒431-3122
静岡県浜松市東区有玉南町
2163番地
☎053-471-9364
https://www.midac.jp

創　業●1952年4月
資本金●9000万円
従業員数●46名
(2022年9月末日現在)
売上高●63億8100万円
(2022年3月期)
事業内容●産業廃棄物・特別管理産業廃棄物の収集運搬・処分。一般廃棄物の収集運搬・処分
東証プライム市場、名証プレミア市場

ストライク

「世界を変える仲間をつくる。」をミッションに中堅・中小企業のM&Aで新しい世界をつくる

代表取締役社長　荒井邦彦

インターネットを利用したオンラインM&A市場「SMART」を起点に、中堅・中小企業を中心に数多くのM&Aに携わってきたストライク。2022年7月の創立25周年を機に、「世界を変える仲間をつくる。」というミッション・ステートメントを制定した。単なる会社の売買に終わらない、人間力の〝潤い〟があるM&Aを目指している。

ストライクの強みは、大きく二つある。一つは、公認会計士が主体となって設立した会社であることだ。公認会計士や金融機関出身者が多く、高い専門性と倫理観を持つスタッフが、初期相談からM&Aの契約まで、顧客に寄り添った専門サービスを提供する。全国の税理士・会計士事務所、金融機関との連携も豊富で、同社が彼らと税務・会計分野の〝共通言語〟で話せることは、スムーズな交渉の大切な要素となる。

もう一つの強みは、オンラインM&A市場「SMART(Strike M&A Rapid Trading system)」を1998年に開始したことだ。インターネット経由でM&Aのマッチングを行うシステムで、現在では長年の運用実績によって、使い勝手やマッチングのノウハウが進化し、先行者としての優位なポジションを獲得している。

「SMART」には全国から多くの情報が寄せられ、なかには意外性のある企業からの問い合わせもある。時間や場所の制約を受けず、候補先企業をスピーディーに検索することが可能になっている。

同社は2022年7月に創立25周年を迎え、新たに「世界を変える仲間をつくる。」というミッション・ステートメントを制定した。

「一人ひとりの力は小さくても、皆が集まり組織になることで大きな力を発揮できるようになる。組織と組織が一つになれば、さらに大きなことができるようになる。仲間に

わが社はこれで勝負!

379件/年

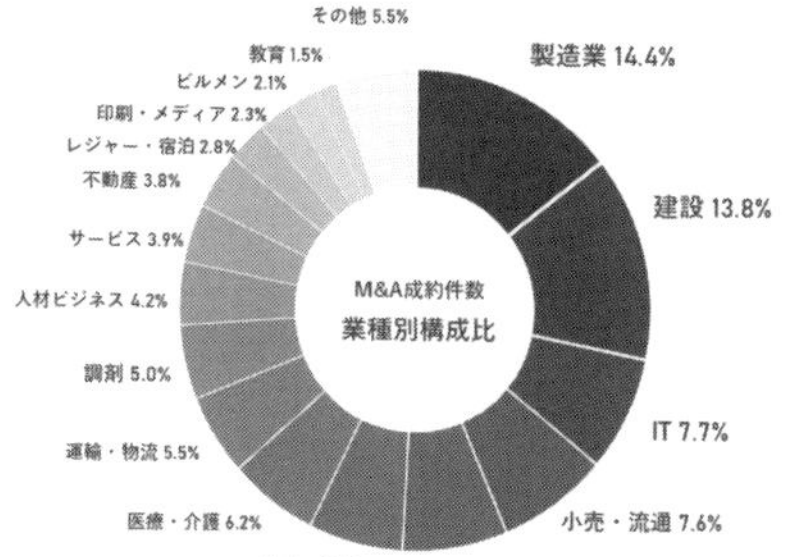

幅広い業種でM&A実績を持つのがストライクの特長だ

2022年9月期の年間M&A成約件数は379件。前期比41.4%増の大幅伸長となる。これまで強みとしてきた事業承継M&Aのシェア拡大を目指すとともに、2021年10月にイノベーション支援室を新設し、スタートアップ企業のEXITなど、事業承継以外の案件受注も進め、「件数での国内トップ」を狙う。

なることで、できなかったことが実現する。それがM&Aの本質であると考えています」と、荒井邦彦社長はその言葉に込めた思いを語る。

仲間をつくり新しい世界を開く、M&Aのさまざまな形

創業以来、同社が手がけてきたM&Aは1700件を超える。M&Aには、後継者不在を解消したい、会社を次のステージに引き上げたい、事業の戦略的再編を図りたい、成長の速度を上げたいなど多様な目的があり、同社はそうしたさまざまな経営課題の解決を担っているが、その根底には常に「世界を変える仲間をつくる」という意識が強くある。

「島根県に『島根スサノオマジック』というBリーグのチームがあります。2019年にM&Aが実行されて、地元の企業からバンダイナムコエンターテインメントに経営権が移りました」と、荒井は一つの象徴的な成功事例を説明する。

「その結果クラブ運営への投資が増えて、強豪のクラブに生まれ変わり、西地区で準優勝を果たすまでに成長しました。〝仲間づくり〟をした結果、クラブの実態が大きく変わり、地元のファンの人たちもとても喜んでくれたのです」

成功するM&Aとは、単なる企業同士の売買に終わらず、このような新しい世界を見せてくれる〝潤い〟があるものなのだ、と荒井は言葉を続けた。

PROFILE

荒井 邦彦

あらい くにひこ

1970年、千葉県出身。一橋大学商学部卒業後、太田昭和監査法人（現・EY新日本有限責任監査法人）を経て1997年ストライク設立、代表取締役社長就任。

あるいはこんな例もある。四国で調剤薬局を展開していた会社が、医療費削減の影響で経営環境が厳しくなることを予見して、M&Aで大手企業に売却を果たした。

その経営者は、譲渡額を社会に還元しようと考え、公益財団法人を設立。小学生から高校生を対象に、給付型奨学金事業を行うようになった。2015年に財団を設立して以降、累計100名を支援している。

「売却益をどう使うかは経営者の自由ですが、自分のために使うのではなく、前向きなエネルギーを持って社会に還元しようと考えた。これは新しい世界を開く〝仲間づくり〟であり、M&Aの一つの理想の姿だと思います」

拡大するM&A市場で幅広いマッチングサービスを目指す

同社の主要な事業領域である中堅・中小企業のM&A市場は、今後も拡大が続くと見込んでいる。経営者の高齢化は進んでおり、後継者不在は依然として深刻な状況だからだ。とはいえ、

（左）日本のM&Aの詳細データをまとめた「M&A年鑑」。（右）M&Aに関する情報を幅広く提供するWebメディア「M&A Online」

日本企業はまだまだＭ＆Ａに消極的という事実もある。

「ＧＡＦＡなどに比べて、日本の大企業はＭ＆Ａの数が極端に少ないのが実情です。成長の速度を上げるためにも、Ｍ＆Ａをもっと活用すべきで、〝世界を変えようとするファーストペンギン〟をいかに捕まえてくるか、私たちはそのお手伝いも積極的に行っていこうと考えています」

　同社では、さらに幅広いマッチングサービスの展開を目指し協業を進めている。その一つが、ライトライトとの資本業務提携だ。ストライクのＭ＆Ａ事業の対象になりにくい、地域密着型の小規模事業者の事業承継マッチングを手がける非常にユニークな特徴を持つ会社だ。

　また、エムスリーとの業務提携を強化し、医療業界向けＭ＆Ａ仲介サービスを本格的に展開する。エムスリーは日本の医師の約９割が登録する医療従事者専門サイト「m3.com」を運営しており、その保有するデータベースと、ストライクのＭ＆Ａマッチングノウハウを活用して仲介サービスを強化していく予定だ。

２０２２年４月に「プライム市場」に移行したストライク。２０２２年度９月期決算では売上げが初の１００億円台を突破。飛躍的に増収増益を続けており、Ｍ＆Ａの成約件数も大幅に伸びている。「かねてから積極的に行ってきたＭ＆Ａコンサルタントの採用や、着手金の廃止で新規受託件数が増加したことが、成約組数の増加に寄与しています。インターネットのマッチングツール『ＳＭＡＲＴ』があっても、最終的にものをいうのは、経営者の方々に信頼されるためのコンサルタントの人間力。今後も優秀なコンサルタントの採用や育成に力を入れながら、Ｍ＆Ａを通して社会問題の解決に取り組みたいと考えています」

２０２２年３月、荒井はＭ＆Ａ仲介協会代表理事に就任した。自社の成長はもちろん、Ｍ＆Ａ仲介業界の健全な発展にも取り組んでいく考えだ。

株式会社ストライク

〒100-0004
東京都千代田区大手町1-2-1
三井物産ビル15F
☎03-6848-0101
https://www.strike.co.jp

設　立●1997年7月

資本金●8億2374万円

従業員数●220名

売上高●107億2700万円
(2022年9月期)

事業内容●M&Aの仲介、M&A市場SMARTの運営、企業価値の評価、企業価値向上に関するコンサルティング、財務に関するコンサルティング、プレマーケティングサービス

東証プライム市場

MIRARTHホールディングス

マンション事業を起点に、街づくりや地方創生まで人と地球の未来を幸せにするナショナルブランドを構築

代表取締役兼グループCEO
兼グループCOO兼社長執行役員
島田和一

2022年10月1日、タカラレーベングループは持株会社体制へ移行し、MIRARTHホールディングスとして新たなスタートを切った。MIRARTHの由来は「未来+地球」。新築マンション分譲を中心とした不動産総合デベロッパーの枠を超え、「人と地球の未来を幸せにする未来環境デザイン企業」への進化を目指す、力強いメッセージが込められている。

「誰もが無理なく安心して購入できる理想の住まい」をコンセプトに、一次取得者向けの主力ブランド「レーベン」や、単身者・DINKS向けのコンパクトマンション「ネベル」などの新築マンション分譲を中心とする不動産事業。2013年のメガソーラー発電事業参画後、これまでに310MW(注1)の総発電容量実績を持つエネルギー事業。国内第1号の上場インフラファンドや、レジデンス、オフィスビル、商業施設などを対象としたJ-REITを運用するアセットマネジ

(注1) 2022年3月末時点、売却分含む
(注2) 株式会社不動産経済研究所調査「2021年 全国分譲マンション売主グループ別供給戸数ランキング」(首都圏の投資用マンションは含まない)

メント事業。

これら3つの事業を軸に、直近では2021年12月に本格的な海外展開の起点となるベトナム・ハノイでの複合型分譲マンションが竣工し、2022年3月には大阪で初のオリジナルブランドホテル「HOTEL THE LEBEN OSAKA」が開業した。同年7月には事業参画中の複合型天然温泉リゾート「アクアイグニス淡路島」がオープンし、地方創生における新たな可能性を切り拓いた。

「創業50周年を機に、これらの事業の広がりや、さらなる可能性を社内外に発信する機会にしたかった」。社長の島田和一は、ホールディングス化の狙いをこのように語る。

「マンション専業のイメージが強い当社グループですが、持全売上げに占める比率はすでに4割ほどにすぎません。持株会社のもと各主力事業を並列化することで、それぞれの部門の取り組みや特長を伝えやすくすること。社内においては、私たちの存在意義（パーパス）を再確認し、従来の

わが社はこれで勝負! **543棟3万6638戸**

「レーベン横浜山手 ONE WARD COURT」外観

1994年のマンション分譲事業開始以来、2022年3月末までの累計の供給戸数は543棟3万6638戸。2021年は2472戸で業界第5位（注2）につける。中期的には安定して2500戸を供給することを目標に掲げる。取得済みのマンション用地は約8000戸分。35都道府県で供給実績を持ち、地方都市圏が5割強を占めるのが特徴だ。

枠組みに縛られない柔軟なチャレンジの幅を広げていくこと。その総合力を生かして〝ナショナルブランド〟に育て上げていくことを目標に置いたのです」

〝製販一体〟の事業体制が、経営の足腰を強くする

1972年、東京の板橋で、現・タカラレーベン会長の村山義男が設立した宝工務店が、同社の歴史の始まりになる。冒頭に紹介した「誰もが無理なく安心して購入できる理想の住まい」のコンセプトは、当時から受け継がれてきた、企業姿勢の底流にあるものだという。

当初は一戸建て住宅を中心に事業を展開していたが、1994年に「レーベンハイム」ブランドで新築マンション分譲に乗り出し、すぐに特化を図った。

このころから10年強、新築マンション業界は「現在の3倍ほどの供給戸数」が続く、空前の活況を見せる。同社はその波に乗りつつも、一方で「淘汰が始まる危機感」も強く持っていたという。「お客さまに選ばれ続けるために、私たちはどうあるべきか。企業価値を中身の伴う形で向上させていこうと、特に企業のブランディングにはずっと力を入れてきました。『幸せを考える。幸せをつくる。』という理念も、このころに構築しています」

リーマンショック時には多くのデベロッパーが破綻に追い込まれたが、何とかこの危機を乗り越えた。その強さの要因の一つに挙げられるのが、〝製販一体〟の事業体制だ。

PROFILE

島田 和一
しまだ かずいち

1965年、東京都出身。1987年にタカラレーベン（現・MIRARTHホールディングス）入社。1996年開発部長、1998年取締役、2012年代表取締役副社長などを経て、2014年3月代表取締役社長就任。

「企画・開発と販売の現場の距離が近いため、お客さまの声を土地の仕入れや商品企画に直接反映できること。販売・プロモーション戦略を一体的に進められること。何より最後の1戸まで責任を持って売り切ることができること。これらが経営の足腰を強くしています」

それでも当時の苦境は、島田にとって大きな教訓になったという。それは「一本足打法の危うさ」だ。新築マンション分譲の売上げが全体の9割を超えていたのだ。

そこで矢継ぎ早に、新事業への投資を進めた。まずは2012年に新ブランド「レーベン」を発表し、コアとなる新築マンション分譲の方向性を明確にする。翌年は2月にメガソーラー事業を開始。10月にタカラアセットマネジメント、タカラ投資顧問を設立し、アセットマネジメント事業にも着手した。

これらの展開のなかで、島田が重視したもう一つのテーマがストックビジネスの拡大だ。不動産管理事業、エネルギー事業とアセットマネジメント事業の一部がその中心となる。

（左）2021年3月に完成した「レーベンソーラー千葉勝浦発電所」。（右）甲府市の中心市街地活性化を担う再開発計画のイメージパース

例えば不動産管理事業を手がけるレーベンコミュニティは、現在の管理数7万戸。当初はグループ内の仕事がほとんどだったが、現在は過半数が外部不動産会社からの受注となっている。ストックビジネスが大きく育った象徴的な事例だ。

「大切なことは、フローの仕事でしっかり汗をかくこと。それがストックビジネスを育てていく。双方をバランスよく相乗させていくことが重要になります」

すべてのステークホルダーから信頼される企業へ

事業の裾野が大きく広がりを見せるなかで、「この会社ならいろんなチャレンジができる。エネルギー開発や街づくりなど、社会のためになる仕事ができる」など、就活生からの注目が着実に高まっているという。その〝街づくり〟における直近の大きな話題が山梨県甲府市の再開発事業だ。

「場所は甲府の中心市街地。１８０年近い歴史を持つ老舗百貨店の移転に伴うもので、この地区の賑わい再生において重要な意味を持つ再開発になります」

総事業費220億円、延べ床面積はおよそ6万1000平方メートル。28階建てタワーマンションを併設する複合商業施設となり、2028年夏の開業を予定している。

ここでは同社のエネルギー事業の実績を生かし、電気の地産地消の可能性を検証している。もちろんアセットマネジメント事業も重要な役割を果たすだろう。今までコツコツと積み重ねてきた各事業がより大きな相乗を生みだす、次なるステージに入ったといえるだろうか。

「今まではマンションを中心とした住まいの領域で、選ばれ続けることがテーマでした。しかしこれからは、事業を通じてどう社会や地域に貢献していくのか、より幅広い領域で『すべてのステークホルダーから信頼される企業』を目指すこと。それが今掲げる私たちのビジョンです」

MIRARTHホールディングス株式会社

〒100-0005
東京都千代田区丸の内1-8-2
鉄鋼ビルディング16階
☎03-6551-2125
https://mirarth.co.jp/

設　立●1972年9月
資本金●48億1900万円
従業員数●1200名（連結）
売上高●1627億4400万円（2022年3月期）
事業内容●グループ会社の経営管理等
東証プライム市場

エル・ティー・エス

〝アジリティ〟を高め、変革の日常化・内製化を促し変化の激しい社会を勝ち抜く「顧客の真の成長」を支援

代表取締役社長CEO　樺島弘明

大切なことは、さまざまな創造や変革の活動を絶え間なく行い、常に変化を生み出し続ける組織文化を形成すること。ビジネスプロセスマネジメントの第一人者であるエル・ティー・エスは、「本当の成長支援とは何か」を追い求め、多様化・不連続化が進む社会を勝ち抜くための変革の日常化・内製化を後押しする。その中軸にあるキーワードが〝ビジネスアジリティ〟だ。

「トップがどれだけ現場を知っているか。事業や組織の構造を頭に叩き込み、過去のデータに頼ることなく、率先してファクトをつかまえに行こうとしているか。自らが入れないなら、現場に精通している人材を経営陣に加える判断ができているかどうか」

そう語るのは、エル・ティー・エス社長の樺島弘明。「カリスマと呼ばれる経営者の強さは、キャラクターや先見性、大胆な意思決定など、華やかに見える部分だけではありません。これまで

の挑戦や失敗のすべてを体で感じ、事業構造やその特徴・課題を知り尽くしていること。そのリアルな現場感覚こそが、企業の強みとなり成長の源泉になっています。まず初めに意識するべきは、プロセスを可視化すること。その視点から、私たちは『ビジネスプロセスマネジメント』を軸に、事業を展開してきました」

このビジネスプロセスマネジメントとは、業務プロセスを分析し、問題点を洗い出し、その最適化を図るとともに継続的に回す仕組みをつくっていくというもの。大手自動車会社など、一部の企業では取り入れられていたが、まだまだ認知は低かった。同社はこの有用性に着目し、啓蒙を図りながら企業の変革を促してきたのだ。

「国内の先進的な企業の取り組みと、グローバルで語られている方法論とを見比べながら、この会社には何をどんな形で取り入れるといいか、個々に最適な手法を考えていく。それができるのが私たちの強みです」

わが社はこれで勝負!

1万名以上

IT企業向け会員制コミュニティ「グロースカンパニークラブ」

IT業界を対象としたプラットフォーム事業も展開しており、IT企業やフリーランスなど4700社1万名を超える会員基盤を有している(2022年11月現在)。自社ビジネスでの会員基盤活用はもちろん、会員のニーズに応じた仕事や人材の紹介によってIT業界のビジネス全体を最適化することを目指している。

道が悪くても悪天候でも安定して走れる「ラリーカー」のような経営が理想

もう一つ、同社が重視するのが〝ビジネスアジリティ〟という概念だ。「俊敏性や敏捷性などと訳されますが、F1マシンとラリーカーの違いで例えるとわかりやすいでしょうか。サーキットならF1マシンのほうが圧倒的に速いですが、ラリーカーは道が悪くても悪天候でも安定したスピードで走れます。社会や経済の環境変化は、まさにラリーコースのようなもの。状況に合わせて速やかに変化／適応できる経営のあり方が、アジリティの本質といえるでしょう」

特に近年、デジタルテクノロジーの進化やコロナ禍の影響で、変化のスピードはさらに加速している。「曖昧な未来を予測して入念な準備をするよりも、軌道修正を前提とした戦略策定と運用を行い、変化に強い組織をつくっていくことが重要だ」と樺島は言う。

具体的な業務としては、事業戦略・ビジネスモデルの策定から、データ分析やAI活用、ビジネスプロセスの構築・管理・改善運用、ならびにDX案件の包括支援、DX人材の育成など。単体の変革支援だけではなく、プロジェクトを始める前段階の準備から、終了後の定常業務の運用、さらに次の変革のために必要な内容の支援まで。組織のなかの変革能力・DX推進力をどう上げていくか、そもそもどういうサービスが必要かなど、より手間がかかり難易度が高い、他のコンサルティング会社が避けたがるような内容にも積極的に踏み込んでいる。

PROFILE

樺島 弘明
かばしま ひろあき

1975年、神奈川県出身。慶應義塾大学卒。ING生命保険（現・エヌエヌ生命保険）などを経て、2002年3月エル・ティー・エスに参画し、取締役就任。同年12月より代表取締役社長CEO。

クライアントには日本を代表するトップカンパニーがずらりと並び、経営の上流から支援に入っていることが特徴だ。「大企業のＩＴ系経営者のコミュニティで、長くファシリテーターをさせていただいたり、先進的な取り組みをしている企業に取材し、その内容を発信したり。各界の第一人者に顧問に入っていただくなどして、『エル・ティー・エスには、最先端の情報がたくさんある』『本当の成長支援に取り組んでいるぞ』と、徐々に認知が広がってきました」

また、これらの知見をまとめた『ビジネスプロセスの教科書』『ビジネスアジリティ』などの専門書の発刊や連載にも力を入れ、第一人者としての存在感をさらに高めている。

グローバルDX市場のアジア発マーケットリーダーへ

誰もが知る大企業をクライアントに、最先端の領域で仕事ができる。スタートアップでありながら、グローバルを舞台に活躍する国産のプロフェッショナルファームであること。

「ビジネスプロセスマネジメント」「ビジネスアジリティ」などをテーマにした勉強会を定期的に開催するとともに、専門書の発刊にも力を入れる

この個性が注目され、草創期から優秀な人材が集まる会社だったと樺島は語る。その人材力をさらに高めるためにも、採用や教育、企業文化づくりには特に力を入れてきた。

考え方の基本は、「自分が一人の社員だったら、どんな会社で働きたいか」という非常にシンプルで根源的な価値。例えば「良い目標、良い仲間、良い仕事」があること、「健康、家族、仕事の挑戦や成功」の順に優先されるべきことなど、「持っている才能を開花させて、人生を幸せに過ごしてほしい」という思いがその源流にある。

仕組みとしては、メンバーシップ、ジョブ、パーソナルの順に組織と社員の関係をつくっており、「コミュニティの一員として決められたことで成果を出す。次に専門性を高めていく。その先に、一人ひとりのライフプラン、キャリアプランを事業戦略と紐づけていく」。そんなキャリア設計を提起している。

さらに樺島は、経営の原理原則として「弾み車」という言葉を挙げる。「まずは当社らしい人材を採用する。人が増えたら情熱あるリーダーを中心に専門分野ごとにチームをつくる。チームが増えたら組織の枠を超えて一致団結する風土をつくる。その総合力を生かして、お客さまと長期的な関係をつくっていく。企業の規模やステージが変わっても、その根幹はずっと変わっていません。できることが増えることで〝らしさ〟はより深まっていると考えています」

これらの手応えと外部環境の追い風を背景に、同社は2022年以降の「飛躍的な成長に向けてのモードチェンジ」を発表。2030年の売上高500億円を新たな目標に掲げた。さらに「グローバルDX市場のアジア発のマーケットリーダー」へ向けての布石を固めていく。

そのための重要なテーマは企業のブランド力。ただそれはテクニカルなものだけではなく、「本質を追い求め、王道をしっかり歩み続けること」というのが樺島の信念だ。

株式会社
エル・ティー・エス

〒107-0051
東京都港区元赤坂1-3-13
赤坂センタービルディング14階
info@lt-s.jp
https://lt-s.jp

設　立●2002年3月

資本金●5億7707万円
（2022年9月末日現在）

従業員数●509名（連結）
（2022年9月末日現在）

売上高●93億円
（2022年12月期予想）

事業内容●顧客の課題や変革テーマに応じた各種支援をワンストップで提供するプロフェッショナルサービス事業及びプラットフォーム事業

東証プライム市場

エフアンドエム

HRテックを軸にバックオフィスの業務改善を推進「サービスの水道哲学」を掲げて社会の活性化を促す

代表取締役社長 森中一郎

人事や経理・総務など、バックオフィス業務の改善と革新こそが企業経営の継続的成長を生む。その強い信念のもと、現場のニーズに応えるソリューションやコンサルティングサービスを提供するエフアンドエム。取引先事業社数は33万を超え、売上げも見事なまでに右肩上がりのグラフを描く。そのすべての事業に通じるコンセプトが「サービスの水道哲学」だ。

いくつものスタートアップが参入し、さながら群雄割拠の様相を呈しているHRテック業界。そのなかで今飛躍的な伸びを見せているのが、エフアンドエムが提供する人事労務クラウドソフト「オフィスステーション」だ。2016年1月にリリースされ、すでに導入先は2万3000社超。トヨタ、日本生命、JR西日本、クボタ、アイシン、島津製作所など、重厚感あふれる企業名がその一覧に並ぶのが非常に印象的だ。

具体的な機能としては、入退社手続き、従業員データの管理から、社会保険手続き、電子申請などまで、人事・労務のあらゆるデータの管理や書面作成をサポートする。なかでも毎年の年末調整業務は、最もその効果を実感できるものといえるだろう。

「私たちのサービスの特徴は、機能ごとに個別に契約できるアラカルト型であること、社会保険労務士とのネットワークを生かして開発されたことが挙げられます」。そう語るのは、社長の森中一郎。

「例えば『年末調整のシステムだけ導入したい』というニーズにも応えられるため、低コストでの運用が可能になります。一方、基幹システムが整っている会社でもピンポイントに機能を組み込めるため、大企業の皆さまにも使い勝手のよさを感じていただいているようです」

もともと「オフィスステーション」は労務士向けに開発され、その実績を踏まえて企業向けに拡販されたものだ。

わが社はこれで勝負!

2万3372ユーザー

エフアンドエム 大阪本社ビル外観（大阪府吹田市江坂）

「オフィスステーション」の2022年9月末時点の利用ユーザー数。前年同期比132%、2期前との比較だと約2.3倍に伸長している。初期費用無料のクラウドサービスで、アラカルト型であることが特徴。例えば「オフィスステーション労務」は、月1人当たり440円で使用可能だ。継続率も99.3%と非常に高い。

同社は士業向けの事業も手がけ、２３００もの社会保険労務士事務所をネットワークしている。

「実務の前線にいる方々に使いやすく設計され、プロの目線を最大限取り入れた、非常に利便性が高いサービスになっています。同時に事務所の方々に代理店をしていただいているため、新規ではアプローチしにくい企業に営業ができるのも大きな強みです」

企業連携を深め〝営業の難易度〟を下げることで事業のスピードを速くする

森中が大切にしている価値観、それが「サービスの水道哲学」だ。水のごとく当たり前に、価値あるサービスを低コストで提供する。創業時から変わらずこの信念が貫かれているところに同社の経営の強さがある。

設立は１９９０年、生命保険会社の営業職員の販促支援を目的に「顧客の記念日に蘭の花束を送る代行サービス」をスタートさせた。さらに、その職員（主に個人事業主）の記帳代行のアウトソーシングを手がけると、これが爆発的な人気となった。１９９５年には、「中小企業向けの営業を強化したい」という生命保険会社のニーズに応え、総務部門のコンサルティングを手がける会員制の「エフアンドエムクラブ」を立ち上げた。

「エフアンドエムクラブが評判になったのは、助成金や補助金の取りこぼしを防ぐコンサルティングに力を入れたことです。10社調べると8社は何かしらの漏れがあり、そのインパクトは非常

PROFILE

森中 一郎
もりなか いちろう

1961年、大阪府出身。立命館大学卒。日本エル・シー・エー、ベンチャーリンクを経て、1990年7月エフアンドエム設立、代表取締役社長就任。

に大きいものでした。今も補助金コンサルティングでは、全国でトップクラスの実績があります」

現在の提供サービスは、資金繰り対策、設備投資のための支援策、人材採用や育成など、労働生産性の向上を支援する使い放題メニューが38種類。なかでも人材教育に関する動画の人気が高い。月額3万円の定額サービスで会員企業数は約8300社に上るという。

これらの事業の歴史を振り返ると、企業のバックオフィス業務を支えるという基本姿勢、価値あるサービスを低コストで届ける「サービスの水道哲学」とともに、いずれの事業にも共通する森中ならではの経営戦略がいくつも見てとれる。

常に挑戦意欲を持って「失敗スタンプ」を集めよう

その一つが「営業難易度をどう下げるか」という視点。「オフィスステーション」における社会保険労務士事務所との関係と同様に、記帳代行のアウトソーシング、エフアンドエムクラブ

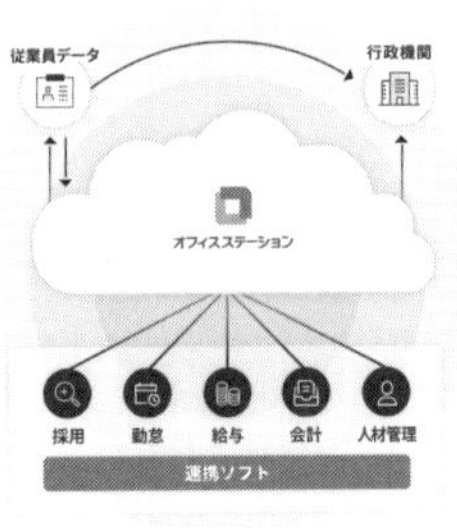

「オフィスステーション」サービス概念図（左）と、実際の操作画面（年末調整）のイメージ

事業ともに、金融機関各社を通じて顧客を開拓している。

近年は全国の地域金融機関との連携も深めており、その数は全国で２００行庫に迫る規模。この「事業連携する価値のあるサービス」のつくり込みと信頼関係づくりが、非常に秀逸だ。

そして、ストックビジネスを中心としていること。損益分岐点を見極め、どのように先行投資を行うかのバランス力が、安定した成長と利益率の裏付けとなっている。

さらに見逃せないポイントが、早くからＩＴ投資に積極的だったことだ。「記帳代行で扱うデータは膨大なもので、システム開発の内製化は需要なテーマでした。２０００年にはエフアンドエムネットを設立し、より強化を図っていきました」

現在急伸中の「オフィスステーション」は、これらの知見やノウハウ、ネットワーク、企業理念までのすべてが詰まった、まさに同社の集大成となるサービスといえるだろう。

「過去の事業に比べると、ＨＲクラウドの領域はレッドオーシャンで、競合ひしめくなかで戦い続けなくてはいけない。その大変さは覚悟しています。ただ当社は、他の事業が安定した収益を出しており、自己資金をベースにした〝持久戦〟に持ち込める強さがあります」と、森中は自信を見せる。

今後の成長を占う、もう一つの重要なテーマが組織と人材だ。「私自身、管理されて働くことが嫌いでした。ですから当社のマネジメントも、上から押し付けることを〝良し〟としていません。ボトムアップで目標を立てていくようにしています。そして常に貪欲に挑戦していこうと、『失敗スタンプを集めよう』という話を社内でよくしています」

森中が目指すのは「どの会社よりも多く休めて、どこにも負けない給与水準にすること」。得意とする「強固な提携ネットワークを生かした、成果を上げるための営業の仕組み」をさらに磨きあげていけば、その理想は必ず実現すると考えている。

株式会社エフアンドエム

〒564-0063
大阪府吹田市江坂町
1-23-38 F&Mビル
☎06-6339-7177
https://www.fmltd.co.jp/

設　立●1990年7月

資本金●9億8965万円

従業員数●669名

売上高●108億7507万円
(2022年3月期連結)

事業内容●個人事業主及び小規模企業向け会計サービス、中堅中小企業向けの管理部門支援サービス、財務・補助金支援サービス、会計事務所向け支援サービス、オフィスステーション

東証スタンダード市場

三洋貿易

顧客のニーズに寄り添い、愚直に「最適解」を追求
自由闊達な社風で社員の成長を育む〝複合型専門商社〟

代表取締役社長
新谷正伸

複合型専門商社として、ニッチな市場への強みを生かして成長を続ける三洋貿易。モビリティ、ファインケミカル、サステナビリティ、ライフサイエンスの4分野を柱に、開発・量産・品質管理までを一気通貫で行うビジネスモデルで、仕入先・販売先との良好な取引関係を育む。堅実と進取の精神、自由闊達な社風のもと、顧客にとっての「最適解」を追求し続けている。

「自由闊達な社風は創立の歴史が影響しています。1947年に旧三井物産の解体に伴って、神戸支店の有志によって三洋貿易が生まれました。血統的には財閥の品格を持ちながらも、資本関係はなく、系列に縛られない独立した会社です。学閥などもなくアットホームで、社員たちが自由に活躍できるのが特徴です」。そう語るのは、同社社長の新谷正伸。

「最近、自由闊達をテーマにした社内委員会を立ち上げました。当社における『自由闊達』の意

味を再定義し、会社そして社員一人ひとりがどうあるべきかを考えていこうと。あらためて社風の重要性を再確認しているところです」

会社の歴史を振り返ると、大きな転機は2000年前後にあった。それまで同社は木材、牧草、農水産物などの天産物を多く扱っていたが、品質が安定せず、利益率が低いこともあって、工業製品に特化する大幅な業態改革を行ったのだ。それが、次なる大きな成長の基盤となった。

現在の事業内容は、大きく4分野ある。まずは主力事業であるモビリティ。自動車のシート用本革やシートヒーターなど各種内装部品を海外から仕入れ、日系自動車メーカーに納入する。近年は着座センサーや空調シート部材にも注力、新車の開発段階からデザインの提案や性能開発などにも参加している。

そして、創業時からのコアビジネスである合成ゴムをはじめ、機能性材料や素材、自然由来の新素材など、多種多

わが社はこれで勝負!

ROE 15%

2022年3月オープンの瑞浪展示場「Sanyo Solution Gallery」

強固な財務基盤を持つ同社のROE（自己資本利益率）は15%で、大手総合商社を含めて商社のなかで業界トップ水準。規模を追うのではなく質を求め、不確定な状況においても迅速に経営判断を行う組織づくりに努めている。量より質を進化させ、「小粒でもピリッと辛い」商社を目指しているのだ。ROEの高さはその証でもある。

様な高付加価値の製品を扱うファインケミカル部門、バイオマス発電の装置を主要商材に、地熱発電や海洋資源採掘の部材、畜産飼料などを扱うサステナビリティ部門、食と医療を中心とした生活に関するさまざまな商材・サービスを提供するライフサイエンス部門で構成される。

1商品1仕入先を通じて仕入先／販売先との信用を築く

同社の強みは、創業時から1商品1仕入先をまっとうし、仕入先や販売先と良好な取引関係を維持していることにある。開発・量産・品質管理段階まで一気通貫で参画するなど、顧客に徹底的に「寄り添う」ことに同社の存在価値を置いている。

「企画・設計段階から部品メーカーとタッグを組み、お客さまの開発部隊と議論をしながら開発を進める。安定在庫も当社が保持し、ジャストインタイムデリバリーの万全な供給体制をとっている。こうしたお客さまに寄り添うビジネスのあり方が、単に商品を販売すること以上の価値提供につながっています」

コロナ禍以降、半導体を中心に電子部品や原材料の入手が厳しい環境が続くが、仕入先と丁寧に信頼関係を構築してきたことは、ここでも大きな強みになっているという。

総合商社との違いは、強みを生かして勝負していること。別の言い方をすれば、ニッチな分野で独自の付加価値を創出していることだ。時代が変化しても、常に顧客にとっての「最適解」を

PROFILE

新谷 正伸
しんたに まさのぶ

1958年、東京都出身。早稲田大学理工学部卒。1982年三洋貿易入社、合成ゴムなどの素材営業を皮切りに、2004年タイ現地子会社社長、2012年サンヨーコーポレーションオブアメリカ社長。執行役員を経て、2018年代表取締役社長就任。

愚直に提供し続けることが、同社の強みなのだ。

「モビリティを例にとると、これからEV化が進んでも内装部材はなくなりません。逆に内装の自由度が上がり、より付加価値の高いものが求められるのではないでしょうか。その新たな市場に対してどれだけの商品バリエーションを提供できるか、そこが当社の得意分野であり勝負どころといえます」

盤石な財務基盤と資金力を持っているのも同社の特徴だ。ROE（自己資本利益率）15パーセントは大手総合商社を含めてトップ水準を誇り、ROA（総資産利益率）ではトップに立っている。実質的な無借金経営を続けており、その強固な財務基盤が、適切かつ機動的な投資の実行や、積極的なグローバル展開（海外10カ国・17拠点）を支えている。

希少資源レアアースの採鉱と揚収にも取り組む

成長に向けた取り組みでは、M&Aも利用しながら積極的な展開を図っている。例えばライフサイエンスの分野では、バイ

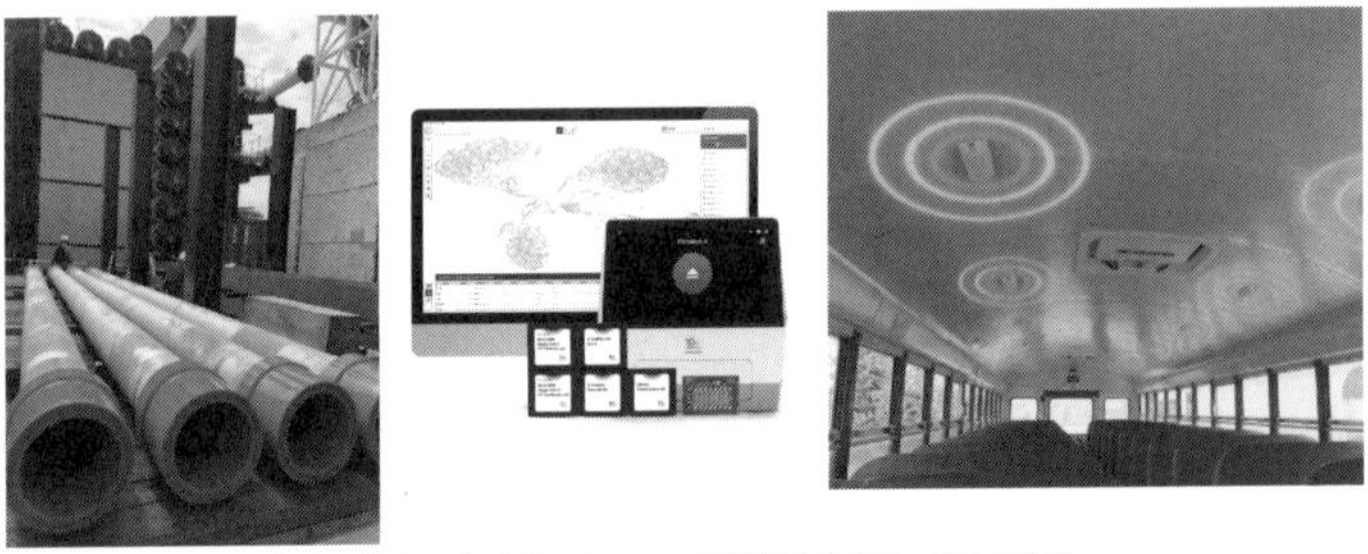

新市場開拓に向けた商品の数々。(左)から、レアアース揚収用パイプ、バイオ市場向けシングルセル解析装置、スクールバスなどに後付けできる置き去り検知システム

オテクノロジー領域で競争力ある海外商材の輸入を行っているスクラム社を２０２２年２月に買収、相互補完的な関係を築きながら、バイオ関連事業の強化を図ることになった。

またサステナビリティの分野では、２０２２年５月に内子龍王バイオマス発電所（愛媛県）の建設に着手。地産地消の「木質バイオマスによる持続可能なまちづくり」の先導モデルになる取り組みをスタートした。

同分野ではまた、希少資源レアアースの採鉱と揚収にも取り組んでおり、これは大きなポテンシャルがありそうだ。

「南鳥島周辺の排他的経済水域の水深約６０００メートル海底下には、高濃度レアアースの存在が確認されており、資源安全保障の観点からも、その揚収技術の確立が国家的な重要テーマになっています。子会社のコスモス商事は、地球深部探査船『ちきゅう』の主要な掘削機材の納入実績を有しており、レアアース揚収プロジェクトに関しても、揚収用パイプ３０００メートル分や海底設置型のレアアース採泥器を納入しています」

商社にとっては社員の存在こそが生命線であり〝人財〟の育成にも力を入れる。そのための環境を整備しており、派遣型の海外研修制度や短期語学研修などを用意。老舗の商社でありながら若いうちから活躍でき、30代で現地法人を任される社員もいる。女性の活躍も推進しており、自分が望むキャリアにあった働き方を選択できる。

「当社は社員が活躍できる機会を数多く設けており、それはどの商社に比べても負けない部分だと自負しています。国内海外問わず、社員に活躍する場を与えて成長してもらう。それぞれの社員の成長の総和が、当社の成長につながるからです」

企業理念として「堅実と進取の精神」を掲げる同社。長い歴史に培われたそのバランスは絶妙で、それが自由闊達な社風を醸成しているのだ。

三洋貿易株式会社

〒101-0054
東京都千代田区神田錦町2-11
☎03-3518-1111
https://www.sanyo-trading.co.jp

設　立●1947年5月

資本金●10億658万円

従業員数●442名（連結）

売上高●1112億5000万円（2022年9月期）

事業内容●合成ゴム・化学品などの原材料・副資材、自動車用内装部品などの産業資材、および機械や各種測定装置を主力商品とする複合型専門商社

東証プライム市場

サインポスト

金融機関向けコンサルティングサービスを事業の柱に
AIレジ・地方共創事業とともに社会に新たな価値を創出

代表取締役社長 蒲原 寧

２００７年の設立以来、社会課題の解決を目指し、金融機関向けのコンサルティングサービスやＩＴソリューションを提供。揺るぎない理念を軸に、〝お客さまの一員〟となって課題解決に取り組んできたことが大きな特長だ。近年は高度の画像認識や独自のＡＩ技術を駆使したイノベーション事業や、オープンイノベーションを活用したＤＸ・地方共創事業にも積極的に取り組んでいる。

「孫の代まで豊かな社会を創る一翼を担う」という創業理念のもと、サインポストは社会に新たな価値を創出し続け、顧客と社会に感謝され、社員とその家族を幸せにする企業を目指してきた。

「一般的には、事業内容を先に決めて起業すると思うのですが、私はまず理念が先にあり、そのためにどのような事業をしようかと考えました。その点は、一般の会社と少し変わっているところかもしれません」。そう語るのは、社長の蒲原寧だ。

現在の事業は、コンサルティング事業、イノベーション事業、DX・地方共創事業を柱とする。コア・コンピタンス（中核となる強み）として掲げるのは、「課題解決まで行うコンサルティング能力」「高度な画像認識・AI技術」「オープンイノベーション」の大きく3つだ。

売上げの多くを占めるコンサルティング事業の内容は、金融機関などの基幹システムの構築・更新のPMO支援と、IT部門のプロジェクト推進支援が中心となる。

「他社と決定的に違うのは、お客さまの一員としてプロジェクトにかかわり、解決策の提案だけでなく問題解決まで主体的にかかわることです。得意とするのは、金融機関の勘定系システムのプロジェクトマネジメント。国内の地方銀行の合併プロジェクトは、ほぼすべて当社が請け負っているといっても過言ではありません」

これまでは銀行や証券、カード・クレジットや投資運用業界を中心に取引先を増やしてきたが、最近はこれらの強

わが社はこれで勝負!

2047件

感謝の声を共有し、さらにお客さまに喜ばれる仕事へ生かす

サインポストに届けられる「お客さまからの感謝の声」。その数は年間2047件（2022年2月期）にも及ぶ。企業理念の一つとして「お客さまと社会に感謝される仕事を」という文言がある。それを実践している証として、この数値がある。社内にはこれらの感謝の声を共有する場が定期的に設けられ、社員のモチベーションを上げている。

みを生かして、生命保険や損害保険にも領域を拡大。優秀な人材を育成しながら、既存顧客及び新規顧客に対する経営・業務課題の解決策の提案力を強化している。

〝無駄なレジ待ち時間をなくしたい〟イノベーション事業で画期的な無人レジを開発

イノベーション事業では、同社が独自開発した人工知能「ＳＰＡＩ」を使ったソリューションを提供している。「ＳＰＡＩ」は、画像からさまざまな特徴を捉えて商品や人を認識、文字や数字などを認識するもので、同社はこの技術を利用したレジなしスルー型の無人決済システム「スーパーワンダー」を開発。そのシステムの市場を広げていくために、ＪＲ東日本スタートアップと組んで、「TOUCH TO GO（ＴＴＧ）」という会社を合弁で立ち上げた。

ＴＴＧの無人決済システムは、カメラやセンサーから取得されるデータを独自のアルゴリズムで解析、店内の顧客や商品の動きをリアルタイムで補足する。これによって顧客は商品をスキャンすることなく、会計ゾーンに立つだけでスピーディーな買い物が完了する。顧客にとっての利便性の高さと、店舗の運営コストの削減を実現するものだ。

「レジ待ち時間はなんて無駄なのだろうという シンプルな疑問から始めた事業です。目指したのは〝手品〟ではなく〝魔法〟レベルの品質管理。それを実現した『スーパーワンダー』が、ＪＲ東日本のスタートアッププログラムの最優秀賞を受賞し、一緒に会社をつくることになりました」

PROFILE

蒲原 寧
かんばら やすし

1965年、大阪府出身。岡山理科大学卒業後、三和銀行（現・三菱東京UFJ銀行）入行。2007年サインポスト設立、代表取締役就任。

TTGでは、コンビニ型無人決済システム「TTG-SENSE」のほか、極小店舗向けのシステムや、非対面でセルフオーダーが可能なプロダクトを用意。すでにJR高輪ゲートウェイ駅やファミリーマート、ANA FESTAなどに導入されている。

このほか、書籍販売に特化した「ワンダーレジ-BOOK」や、シンプルな機能と構成で低価格化を実現した「EZレジ」の販売も開始。前者は、書籍特有のバーコードに対応して一度に複数の商品を読みとれるレジで、京都の大手書店チェーンに採用され、非常に高い利用率を誇っているという。「EZレジ」も学校や病院などの売店や24時間無人営業の古着販売店などに導入、着実に実績を増やしつつある。

地域経済を活性化させる「地方共創プラットフォーム」を構築

DX・地方共創事業は、同社のDX技術とオープンイノベーションを駆使して、地域企業や地域全体の課題を解決し、持続可能な地域経済活性化の一翼を担うという試みだ。

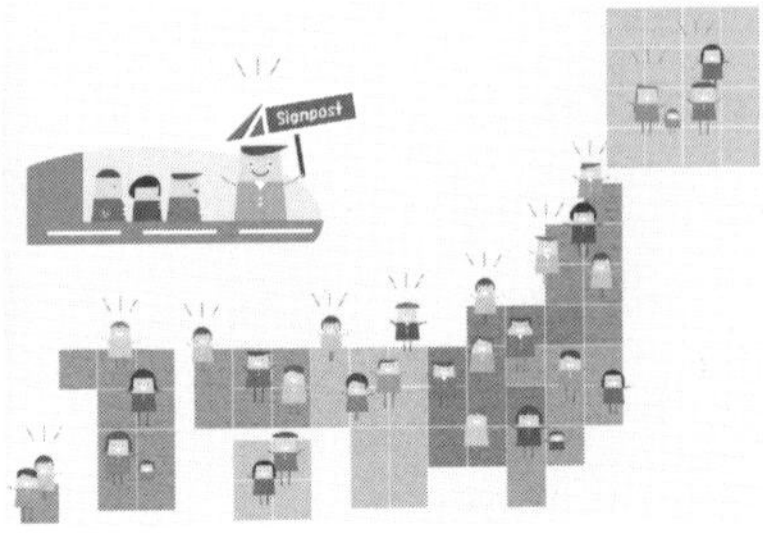

（左）ファミリーマート初の無人決済コンビニ「ファミマ!!サピアタワー/S店」。
（右）地方共創をキーワードに全国で地域の持続可能性の向上に取り組む

事業の中心にあるのは「地方共創プラットフォーム」という基盤で、そこにさまざまなソリューションを持つ企業が参加し、地域銀行を通じて集積された、多種多様な地域の課題を解決していく仕組みになっている。

「事業のきっかけは、出張で訪れた地方都市の活気のなさに危機感を覚えたことです。私たちなら、全国の地銀とのネットワークを生かして、地域企業や地域の課題を解決することができるはず。生産性を向上させ、もっと地方を元気にしたいと考えたのです。地域からの信頼が厚い地銀を通じたほうが、持続的な仕組みづくりができるはずだと、一緒に取り組んでいくという意味で〝地方共創〟という言葉をつくりました」

2022年8月、地方共創事業の第一弾として、大分県経済の活性化を目的に、「Oita Made株式会社」と協働。県内企業とサインポストのサービス・製品をマッチングする取り組みを開始した。Oita Madeは、県内の優れた素材を商品化して国内外に販売する地域商社。大分銀行をはじめ県内の複数企業の出資によって設立されており、大分県産にこだわったオリジナル商品や厳選セレクト商品を販売している。

今回の具体的なソリューションの一つが、プラットフォームに参加する「DENBA」という企業が持つ〝低周波水分子共振〟の技術を使うもの。水分子を共振させることで食品の鮮度を保持する「鮮度保持ソリューション」を利用して、県内の名産品を、鮮度を保持したまま全国の消費地に送ることを計画しているのだ。

このように「地方共創プラットフォーム」は、単なる企業同士の出合いの場の提供ではなく、具体的な課題を最先端のソリューションで解決する仕組みになっている。まだ事業は始まったばかり。予想もつかない無限のポテンシャルを秘めたプラットフォームへの深化が期待されている。

サインポスト株式会社
〒103-0023
東京都中央区日本橋本町
4-12-20 PMO日本橋本町6F
☎03-5652-6031
https://signpost.co.jp

設　立●2007年3月
資本金●11億8110万円
従業員数●159名
売上高●21億1900万円
(2022年2月期)
事業内容●金融機関・公共機関向けコンサルティング、イノベーション事業、DX・地方共創事業
東証プライム市場

ティア

日本で一番「ありがとう」と言われる葬儀社へ圧倒的なホスピタリティで〝感動葬儀〟をプロデュース

代表取締役社長　冨安徳久

故人様との最期のお別れを、より後悔のないものにするために。明瞭な価格設定で、誰もが安心できる葬儀であるために。葬儀業界のあるべき公明正大な姿と、誇りある仕事としての価値を追求し続けてきたティア。愛知県を基盤に現在143（注1）の葬儀会館を運営し、さらに全国区へ。サービスの質と規模の両立を通じて、強いブランドを育んでいる。

「バイクが大好きだった方の葬儀の時でした。『生前に愛用していたバイクを、ぜひ式場に飾りたい』とスタッフが提案したのです。大型のバイクで、すでにキーの有りかもわからない。搬入はかなり大変そうで、ご遺族の方は『お気持ちだけで十分です』とおっしゃったのですが……。それでも彼は何とかしたいと」。ティア社長の冨安徳久は、その時の記憶を振り返る。

「結局、スタッフ数名でトラックを借りて、苦労しながらも会場に移送しました。葬儀当日は、

（注1）2022年11月末時点

多くのバイク仲間が式場を訪れ、皆さんびっくりされて『どうしてここに彼のバイクがあるの』と。そして『自分のバイクに見送られて、本当にあいつは幸せだな』と語らっていた、その風景は今も忘れられません……」

同社が掲げる「哀悼と感動のセレモニー」の理念。まさにその言葉を象徴するエピソードだ。

ほかにも、結婚式で妻に贈ったブーケと同じ物を用意したり、似顔絵を描いたり、参列者の寄せ書きを集めたり、故人様が大好きだったあんパンを棺に入れたりと、心配りの形はさまざまだ。そこに〝ルール〟はないという。

「ご遺族・参列者すべての心に残るセレモニーにするために、今何をするべきか」。スタッフ一人ひとりが真摯に向き合う企業文化が、その原点にある。「故人様にとってかけがえのない、唯一無二の儀式です。だからこそ、最期のお別れはしっかり顔を合わせて五感で死を感じられるように。リアルな式のあり方にこだわっていきたいと考えています」

わが社はこれで勝負! 47万568人

葬儀会館「ティア中川」外観イメージ

葬儀に関する特典や提携先の企業・店舗の優待などが受けられる「ティアの会」の会員数は47万人超。同等のサービスが受けられる提携団体も1269団体ネットワークし、葬儀売上高の90%がティアの会／提携団体からであることが強みだ。葬儀後の再加入率も90%を超え、ファンづくりの後押しとなっている。

多くの人に感謝される葬儀の仕事は、一生をかけるだけの価値があるもの

「本能的に〝ビビビ〟と来るものがあった。まさに運命的な出合いでした」と語る冨安が初めて葬儀の業界に触れたのは、大学入学を間近に控えたころ。偶然入ったアルバイトでの体験だった。「ご遺族が先輩の手を握りながら、もし次があったらよろしく頼むと頭を下げる。涙して感謝する。その光景を見て、なんてすごい仕事なんだと。先輩のような人間になりたいと思うと、矢も楯もたまらず、大学進学をとりやめて、正式に入社させてくださいと頼みました」

実はこのストーリーには伏線がある。15歳の時に、坂本龍馬の伝記を読んで「世に生を得るは事を成すにあり」の言葉に大いに感銘を受けたこと。それ以前にも両親や祖母に繰り返し「人の役に立つ生き方をしなさい」と説かれていたこと。それらが線でつながったのだ。「この仕事なら、皆さんの役に立ち感謝してもらえる、一生をかけるだけの価値があるものだ」と。

会社の設立は1997年。当初は起業を意識していなかったというが、勤務先で実績を積むにつれ、「葬儀業界のあるべき姿を自らの手で追求したい」と考えるようになった。

キーワードは二点。生活保護受給者にも寄り添い、誰でも平等にきちんとした葬儀ができる環境をつくること。ブラックボックス化された葬儀費用をもっと透明にして、〝公明正大な〟業界イメージを発信していくことだ。

（注2）2006年6月は名証セントレックス上場。2014年6月に東証一部、名証一部指定

PROFILE

冨安 徳久
とみやす のりひさ

1960年、愛知県出身。大学入学直前の葬儀アルバイトに感動し、大学入学をやめて葬儀業界に。25歳で店長に抜擢。さらに別の葬儀会社で経験を積んだ後、1997年にティア設立、代表取締役社長就任。

「真剣に尽くすことによって、その分『ありがとう』と言ってもらえる仕事です。もっと業界の評価を高めていきたいという思いは、何よりも強くありました」と冨安は言う。

1998年1月、名古屋市中川区に1号店となる葬儀会館「ティア中川」をオープンすると、一気に出店を加速し、ドミナントを強化していく。同社の適正価格は、同業他社にとっては〝価格破壊〟でもあり、反発はかなり大きかったようだが、消費者からの支持は高く、1号店オープンの4年半後に10店舗を突破した。2004年にはFC事業にも着手し、2006年に関西に初進出。その年の6月には、「創業時から10年以内を目標にしていた」という予定通りに初の株式上場(注2)を実現する。

ティアを超える新生ティア。全国区ブランドに向けて

この間、冨安が終始貫いてきたのが〝人財〟への投資だ。採用は新卒を中心に、入社後半年間は座学と実地研修、さらにその後の半年間を会館でのOJT研修に当てる。一年間という時

（左）一人ひとりの思いに寄り添った「感動葬儀」をプロデュース。（右）中小零細企業の社長向けの社葬「ティアプレミアム」を今後強化していく

間をかけて教育していくのだ。

２０１９年には、人財育成専用施設『ティア・ヒューマンリソース・センター』を開設し、より一体化した仕組みを構築。〝葬儀の専門人財〟の育成を図る「ティア・アカデミー」では、社員の経験やスキルに応じた社内検定試験を実施。セレモニーディレクターからマスターセレモニーディレクターまで7段階で評価し、個々の能力の向上と共有を図っている。

毎月実施し、全社員が年4回参加するという社長セミナーにも力を入れ、スキルだけでない心の部分、考え方や生きざまなどの〝ティアイズム〟を伝えている。

「ほとんどの場合、私たちは故人様に一度もお会いしたことがありません。その方の葬儀をするのですから、ご遺族の方ととことん話をしなさいと。『出勤してから退社するまで、故人様とご遺族のことだけをひたすら考えよう』とよく話をしています」

現在、同社の葬儀会館は、1都1府9県に143店展開。最大収容人数150名ほどの葬儀会館を中心に、近年の小型化ニーズに合わせた家族葬ホールも拡大中だ。中期的には、直営・FCさらにはM&Aを強化し、260店舗を目標に設定している。

創業25周年の節目となる2022年9月期には、新たな中期計画を発表。「ティアを超える新生ティア!!」をスローガンに掲げ、出店計画やブランド構築、M&A戦略など、4つのテーマと8つの戦略を策定した。目指すは名古屋のトップから、日本のナンバーワン葬儀社へ。全国を覇する葬儀ブランドをどうつくり上げていくかが今後の大きなミッションだ。

「〝人財力〟こそが、私たちの最大の強みです。今後もその企業文化を大切にしながら、お客さまからの『ありがとう』をいちばん多く集められる葬儀社を目指して、安心と信頼のブランドをつくり上げていきたいと考えています」

株式会社ティア

〒462-0841
愛知県名古屋市北区黒川本通3-35-1
☎052-918-8200
https://www.tear.co.jp/

設　立●1997年7月
資本金●18億7300万円
従業員数●604名
売上高●132億8300万円(2022年9月期)
事業内容●「葬儀会館TEAR」を中心とした、葬儀・法要の請負
東証スタンダード市場、名証プレミア市場

ビジョン

〝GO BEYOND〟志を持って壁を越えていく人へ 情報通信、グローバルWiFi、さらに第3の柱を擁立

代表取締役社長兼CEO　佐野健一

「ビジネスとは世の中をよくするための課題解決」という信念のもと、スタートアップ・中小企業の経営に寄り添い拡大してきた情報通信サービス事業、世界200以上の国と地域で展開するグローバルWiFi事業を2軸に、累計1600万人もの顧客から支持を得てきたビジョン。2022年にはグランピング事業をスタートし、将来を見据えた第3の柱と位置づけている。

コロナ禍の直撃で、主力のグローバルWiFi事業の売上げはあっけなく吹き飛んだ。その額は2019年度連結決算の売上高273億円の6割強。それでも翌期の売上減を100億円程度に抑え、営業利益、経常利益ともになんと黒字決算で締めている。

周りの経営者の誰もが驚いた、この逆境時の強さ。時代に合わせて変容し全員で突破を図る、その一体感を生み出す企業文化こそが、ビジョンの経営の底力といえるだろう。

「会社の屋台骨を支えるグローバルＷｉＦｉ事業でしたが、すぐに（実質的な）事業部の解散を決めました。在籍していた約４００人の従業員も一部を除いて速やかに配置転換を図っています」。そう振り返るのは、社長の佐野健一。

そして堅調に推移していた情報通信サービス事業の再強化と、テレワーク需要の高まりによる法人携帯やビジネス向けＷｉＦｉ事業への注力などで業績は反騰。２０２２年度の売上げは、過去最高に迫る水準を見込んでいる。

「どの社員もこの危機を自分ごとと捉え、今すべき仕事に全力投球してくれた。その姿はとても頼もしかったですね。〝チーム経営〟を大切にしてきた積み重ねが、しっかり形になってきていることを実感しました」

究極の機能分担でアップセル・クロスセルを拡大

「出張で乗っていた新幹線の車窓から富士山が見えた時、ここで起業しようとふと思い立って」。縁もゆかりもない

わが社はこれで勝負!

40万社

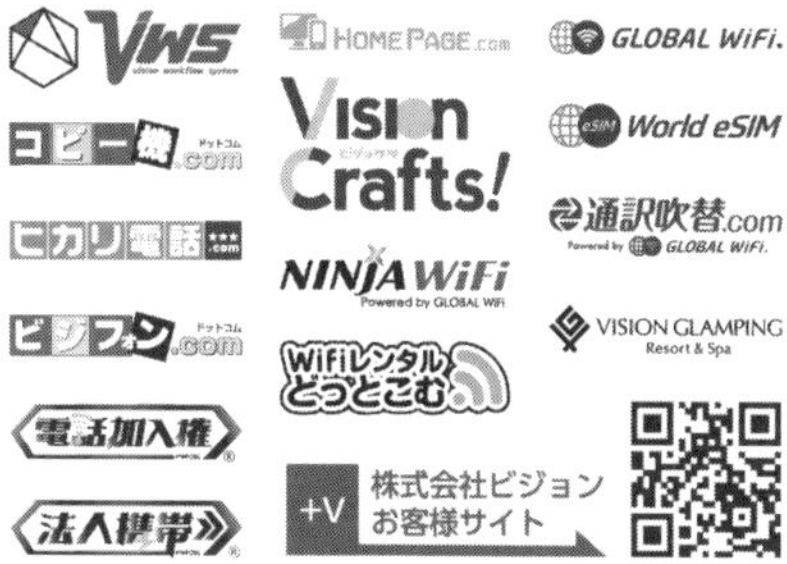

企業の多様なニーズに応える情報通信サービス事業

ビジョンの取引顧客数は現在40万社、月間2000社ペースで新規口座を獲得している。なかでも新設法人に強く、全体の10%ほど（2020年の全国の新設法人は約13万社）を顧客にしているのが大きな特長だ。加えてグローバルWiFi事業では、累計でおよそ1600万人が同社の顧客となっている。

静岡県富士宮市で、佐野が会社を立ち上げたのが1995年。国際電話の割引サービスで事業を開始し、2期目から売上10億円、利益2億円という破格の数値をたたき出した。

2002年には本社を東京に移転し、OA機器の販売やインターネット広告、Web制作などへ事業の幅を広げた。なかでも大手通信会社の代理店として始めた、携帯電話やブロードバンドの法人向けサービスの急成長で、一躍その存在感は高まっていった。

当初こそ「属人性の高い営業会社」の色合いが強かった同社だが、2010年前後から佐野は組織のあり方の大きな転換を図った。そのキーワードは〝超高生産性〟だ。「必要としない人に『欲しい』と言わせるのが強い営業といわれがちですが、欲しい人に売ったほうが確率が上がるのは言うまでもありません。まずはインサイドセールスの仕組みを構築していきました」

さらに機能分担の強化を進めるべく「カスタマー・ロイヤリティ・チーム(CLT)」を設置する。「単なるバックオフィスの役割りではなく、アップセルやクロスセル(注1)をこなせる、攻めのコールセンターです。有望な見込み客を企業全体で開拓し、クロージングした後はCLTに任せる。結果、営業の〝打席数〟は大幅に増え、例えばコピー機の1人当たりの契約件数は、同業他社の数倍にもなっています」

情報通信サービス事業で新設法人の約1割を顧客にしているように、スタートアップ・中小企業との取引が多いのが同社の特徴だ。「中長期的な成長を応援できるように、より手軽な価格で満

(注1) アップセル：より上位の機種や高価なものに買い替えてもらうこと。クロスセル：すでに購入している商品やサービスに加え、関連するものを組合せて購入してもらうこと

PROFILE

佐野 健一
さの けんいち

1969年、鹿児島県出身。鹿児島商工高等学校（現・樟南高等学校）卒。1990年に光通信入社、すぐに営業トップの成績を収め、1995年静岡県富士宮市で創業。ビジョンを設立し、代表取締役社長就任。

足いただけるサービスを届けたい。そのためには量が必要であり、それを可能にする分業体制が必要だと考えたのです」

その画期的な仕組みが、〝エスカレーション〟と呼ぶ社内紹介制度だ。

「この制度の最大のポイントは、契約が決まったら紹介した側も紹介された側も双方に100パーセントの評価をしたことです。支払うインセンティブは倍になりますが、広告などの営業コストを減らせることで多くは吸収できます。当初こそ理解してもらうのに苦労しましたが、人事評価の改革と一体で進め、ジョブローテーションを促進することで大きな成果が出るようになってきました」

さらにもう一つ、同社のチーム経営のコアとなる取り組みが、毎週月曜日に幹部20名強が集まる経営会議だ。各部門の直近の取り組みや、損益状況をリアルタイムで共有し、何か問題が起きれば、お互いに支え合い全員が一丸となって解決を図る〝自走する組織〟の拠りどころとなっている。

（左）世界200以上の国と地域で展開するグローバルWiFi事業。（右）第3の柱として期待を寄せるグランピング事業。写真は「VISION GLAMPING Resort & Spa 山中湖」

既存事業との相乗で、グランピング事業を全国へ

組織改革とほぼ時を同じくし、後に利用者３００万人・売上１７０億円の規模に育つグローバルＷｉＦｉ事業に着手する。

「海外に行った時に〝パケ死〟（注２）で困ったという話をたびたび聞いて、通信のプロフェッショナルとして、これは私たちが解決すべき問題だと考えたのです」

重視したのは、確実に回線がつながること。そのために自前主義にこだわったこと。１社１社世界のキャリアを訪ねて丁寧に交渉を繰り返し、ゼロからインフラ網を築いていった。

そして同事業の成長に伴い、独自の付加価値をマーケットに発信できる手応えを掴み、２０１５年に東証マザーズ上場、翌年に東証一部への市場変更を果たす。

直近の動きとしては、企業のＤＸ推進をサポートするクラウドサービス「ＶＷＳシリーズ」、ならびに法人向け社内常備型「グローバルWiFi for Biz」が非常に好調で、eSIMサービス「ワ

（注2）よくわからないまま海外のパケット通信を利用し、高額な通信費を請求されること

ールドeSIM」が、渡航回復時の新たな切り札になると機会をうかがう。さらにオフィス移転時の原状回復など、成長を目指す企業の支援になる事業を増やしていきたいという。

そして第3の事業の柱とするべく立ち上げたのがグランピング事業だ。プライベート空間を確保した施設設計を特徴とし、鹿児島県霧島、山梨県山中湖で事業を開始。グローバルWiFiを利用するアクティブ層の豊富なデータと、圧倒的な法人営業力を生かした福利厚生ニーズの開拓など、既存事業との相乗による全国展開、さらにその先の地方創生事業としての発展を目論む。

「『GO BEYOND』、これはグローバルWiFi事業のブランドメッセージですが、すべての事業に通じるものだと考えています。国境を越え、制約を超え、新たな革新と成長を目指す人へ。すべての〝超えていく人〟に寄り添い、感動とサクセスを届けていくのが私たちの使命です」

株式会社ビジョン
〒163-1305
東京都新宿区西新宿6-5-1
新宿アイランドタワー5階
☎03-5325-0200
https://www.vision-net.co.jp

設　立●2001年12月
（創業1995年）

資本金●25億1470万円

従業員数●783名（海外含）

売上高●245億円5600万円
（2022年12月期予想）

事業内容●グローバルWiFi事業、情報通信サービス事業、グランピング事業

ダイヤモンド経営者倶楽部　2022年 開催行事の振り返り/ゲスト紹介

ダイヤモンド経営者倶楽部は日本経済の活性化に貢献する趣旨のもと、1993年に経済出版社ダイヤモンド社の80周年プロジェクトとしてスタート。日本経済の中核を担う上場大企業から、中堅中小・ベンチャー企業まで幅広い企業経営者が集う場として創設されました。現在の会員企業数は約670社。成長意欲の高い魅力的な経営者が集まる〝場〟をご提供する、日本有数の経営者倶楽部として高い評価をいただいています。

～東京開催～

○定例会／セミナー	○会員企業に学ぶ
ポートエム　国永秀男 氏	アパホテル　元谷 拓 氏
ドムドムフードサービス　藤﨑 忍 氏	ヒノキヤグループ　近藤 昭 氏
東京大学名誉教授　伊藤元重 氏	FRONTEO　守本正宏 氏
衆議院議員　石破 茂 氏	エータイ　樺山玄基 氏
ジャパネットホールディングス　髙田旭人 氏	サンリオエンターテイメント　小巻亜矢 氏
アース製薬　川端克宜 氏	正林国際特許商標事務所　正林真之 氏
文化庁長官　都倉俊一 氏	ファイテン　平田好宏 氏
カインズ　高家正行 氏	ジオコード　原口大輔 氏
三菱総合研究所　中村裕彦 氏	エアークローゼット　天沼 聰 氏
防衛省防衛研究所　高橋杉雄 氏	メディア総研　野本正生 氏
京都大学名誉教授　鎌田浩毅 氏	
国際オリンピック委員会委員　太田雄貴 氏	
一橋ビジネススクール 客員教授　名和高司 氏	

～関西開催～

大阪大学大学院　仲野 徹 氏	ユーグレナ　出雲 充 氏
現代仏教僧　松本紹圭 氏	モトックス　寺西太亮 氏
自民党 衆議院議員　西村康稔 氏	日本刑事技術協会　森 透匡 氏
神戸酒心館　安福武之助 氏	パルグループホールディング　井上隆太 氏
総合地球環境学研究所　山極寿一 氏	MK西日本グループ　青木義明 氏
政治学博士 ロバート･D･エルドリッヂ 氏 評論家　石 平 氏	ネッツトヨタ神戸　四宮康次郎 氏

開催日順掲載

ダイヤモンド経営者倶楽部の詳しい情報は、ホームページまで
https://www.dfc.ne.jp/

PART 2

高い競争力を武器に挑戦を続ける実力派

時代の変化のなかでもぶれないしっかりとした軸を持ち続け、さらなるイノベーションを起こし続けている。そんな志高い業界の第一人者たちを紹介する。

タウ

「何時いかなる時も誠実に」自動車の価値最大化と事業の社会性を追求する、損害車リユースのパイオニア

代表取締役社長 宮本明岳

世界124カ国に13万社の登録顧客を持つ、損害車(注1)リユースの第一人者。仕入れ、オークション、輸出・販売まで独自の商流を構築し、累計取扱台数は100万台を超える。大切にしてきたのは、事業を通じた社会価値の追求だ。国内では無用とされた〝全損車〟にも命を与え、世界中の必要とする人のもとへ。「モノが大切にされ続ける循環型社会の実現」がミッションだ。

損害保険会社やカーディーラー、リース会社などから損害車を仕入れて、独自に開発した「グローバルオークションサイト」で販売。掲載された車両には世界中からオファーが入り、平均1・5日で落札され、すぐに名義変更や輸出手続きを行い購入者のもとに届けられる。損傷の度合いは数十枚の写真で公開され、明らかな差異があれば弁償や価格見直しも行う。

「事故車の販売」と聞くと、グレーな業界イメージを持つ人がいるかもしれないが、商流は至っ

(注1) 事故や災害等により損壊した車両のこと

て透明でシンプルだ。仕入れ先には日本を代表する大手企業が並んでおり、その点からも信頼の高さがわかるだろう。「事業の社会性が高いからこそ、私たち自身も透明性の確保にはずっとこだわってきました」と、タウ社長の宮本明岳は語る。

これらの商流において興味深いのが、「日本では修理を施さずに、壊れた状態のまま」販売することだ。

「海外では壊れたクルマを修復し、再び使えるクルマとして甦らせようとする〝レストア文化〟の根づいた国が多く、世界的に評価の高い日本車はたとえ動かなくても、非常に旺盛な需要があるのです」

もう一つ、購入者は板金ができるディーラーが中心で、修理を自ら行うことでその工賃が売上げになることもポイントだ。日本の常識で判断することをやめ、その国・地域それぞれのニーズに任せることで、低コストで〝ちょうどいい〟修理ができるのだ。

わが社はこれで勝負!

124カ国 13万社

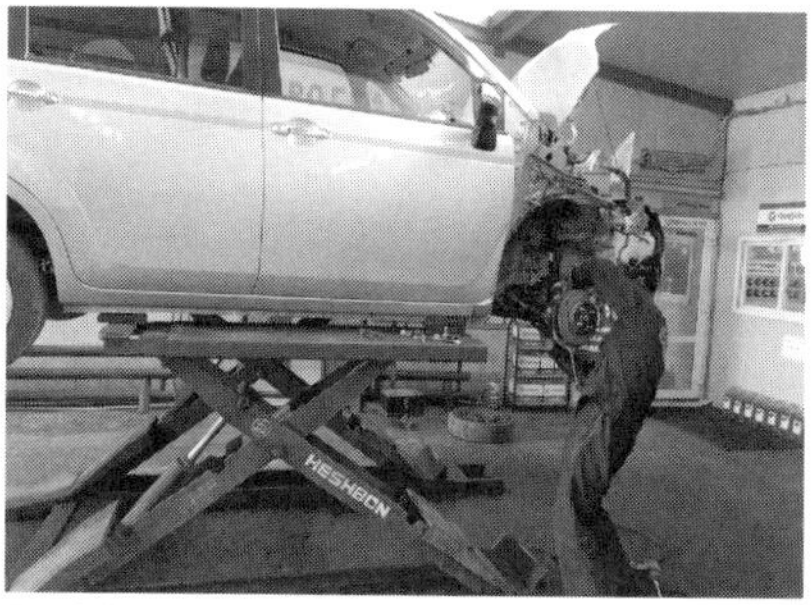

国・地域のニーズにあった修復を施し販売される

タウの販売ネットワークは、世界124カ国に13万社。海外では、アジア各国やロシアが中心となる。営業拠点は、北海道から沖縄まで国内17カ所、海外はウラジオストク、マニラの計2カ所。TGLサービスセンターは、直営・提携を合わせて全国39カ所に展開。全国130名のスタッフが無料出張査定を行う。

受け継いできた企業文化を「タウ・スピリット」として社内に共有

創業者であり現・名誉会長の原田眞は、かつて大手石油商社に勤め、長くアメリカに住んでいた。そこでレストア文化を身近に感じたこと、一方でバブル期の日本では少しの事故でも廃車にされている現状を知り、その価値観の差異にビジネスチャンスを感じたという。

一方、損害車のリユースを促進することは、大量に生み出される産業廃棄物を減らす契機にもなる。事業の社会価値の追求は、当時から受け継がれる同社の根幹にある部分だ。

創業は1996年、バブル崩壊後少し経ったころだ。新車がどんどん売れ、好景気に沸いた時代から様相が変わり、それも同社への追い風となった。「カーディーラーは販売促進のために、少しでも下取りの幅を広げたい。損害保険会社の場合は、支払保険金の負担を少しでも減らしたい。そのニーズにぴったり合ったのです。適正な商流を確立し、全損車でも現金化できるという可能性を提案することで、今までにないビジネスモデルがつくられていったのです」

現在の買取平均価格は37万円。この10分の1以下の価格で買い叩かれたり、所有者自身が費用負担して処分したりした時代から比べると、大きな構造変革が起きたことがわかるだろう。

宮本の入社は、創業の2年後。世界中を飛び回って販売店の開拓に奮闘し、原田の近くで多くの薫陶を受けてきたという。「当社の時間はドッグイヤーだとよくおっしゃっていました。5年か

PROFILE

宮本 明岳
みやもと あきたか

1967年、青森県出身。1998年タウ入社。取締役大阪支店長、専務取締役営業本部長などを経て、2009年12月代表取締役社長就任。2013年4月、英国国立ウェールズ大学経営大学院MBA取得。

かるところを1年でやるんだと。スピード感を持って成果を出していく姿勢は、今も当社にしっかり根づいています」

一方で、人としての生きざまも強く叩きこまれたという。「販売したその先のお客さまの顔が見えているか、目先の数字のために不誠実なことをするなとか。社員の幸せを第一に考える企業づくりなどまで、多くの学びをいただきました」

そして、これらの受け継いできた企業文化を、行動指針として「タウ・スピリット」にまとめた。第1項には「誠実であれ、何時いかなる時も誠実であれ」とあり、これがすべての起点となる。「当社の成長の原動力は、この『タウ・スピリット』にあるといっても過言ではありません」と、宮本は語る。

同社は、仕事の特性からも幅広い国籍の社員が集まっており、現在14カ国、対応言語数は19カ国語にもなる。この多様な価値観の相乗から生まれる社風も、独自の持ち味となっている。

また、障がい者支援や給付型奨学金制度の設置など、CSR活動の取り組みも多彩で、特に「ターミナルケアを受けている

（左）「カーテンダー九州」外観（佐賀県鳥栖市）。（右）一般社団法人 願いのくるま、として2018年1月に設立。創業者（現・名誉会長）が代表理事を務める

方を対象に、その方が望む場所に無料でお連れする『願いのくるま』の活動」は多くのメディアで紹介されている。

“分損車”事業を強化し、売上げ1000億円を目指す

事業モデルの強さを表す数字をいくつか挙げてみたい。まずは、世界124カ国13万社の登録顧客。この強力なネットワークが月間4000台に上る損害車販売実績の源泉になる。

続いて、オークションの落札比率の約95パーセント。この数値は一般的な中古車オークションに比べても非常に高く、さらに「落札から入金まで48時間」というキャッシュ回転率の速さが、同社の強い財務力の裏づけとなっている。「商材として本当に優れているんですよ」と、宮本は笑顔を見せる。

しかし、市場の成長とともに新規参入企業が増え、半面、自動車事故が減少傾向にあることから、既存の市場(注2)に依存しない事業開発が大きなテーマになってきた。そこで着手したのが、“分損車”といわれる、毀損度が低いクルマの修復販売事業だ。

（注2）修理されない損害車は年間20万台、その市場は1000億円規模を想定している
（注3）直営店舗とインターネットを併用して買取から修理・販売までを行う

「分損車は、これまでと販売ルートが異なるため『カーテンダー』(注3)というブランドを立ち上げました。事故車であることを公開し、CGで損傷・修復の箇所を明示していること。培ってきた損傷の見極め能力を生かして、保証書を付けていることなどが、当社ならではの特長です。価格優位性もあることから売上げは大幅に伸びており、事業の大きな柱になると期待しています」

また直近では、「カー・トリアージ」という独自の概念を提唱する。これは「最善の結果を得るために、優先順位を決めて処置する」という災害時対応の考え方を取り入れたもので、修復再生・部品利用・素材利用を組み合わせながら、地球規模での社会貢献の形を追求していく。

2030年の売上目標は1000億円。タウ・スピリットとドッグイヤーが織りなす企業文化を強みに、より社会価値を高めながら成長を加速させている。

株式会社タウ

〒330-6010
さいたま市中央区新都心11-2
LAタワー10F
☎048-601-0811
https://www.tau.co.jp/

設　立●1997年6月
（創業1996年）

資本金●1億円

従業員数●447名

売上高●270億円
（2021年9月期連結）

事業内容●損害車の買取及び輸出販売事業

ダイアナ

〝真の成果主義〟で美しいプロポーションづくりを追求 顧客・サロン・働く人のすべてが豊かになれる会社へ

代表取締役社長 兼 会長 徳田充孝

「美しくなる人生。」「豊かなる人生。」をビジョンに、創業以来「プロポーションづくり」を究め続けてきたダイアナ。現在全国に約730のサロンを展開しており、その信頼の裏付けとなるのが、長年にわたって磨き上げられてきた「プロポーションを科学する力」だ。95万人を超える体型データと、産学連携を含む36年もの多彩な研究実績が、同社の〝真の成果主義〟を支えている。

2022年9月10日、横浜アリーナにおいて、日本最大級の美の祭典「ダイアナ ゴールデン・プロポーションアワード全国大会2022」(注1)が開催された。会場には約2500人が集結。全国の地方大会から勝ち上がった125名のステージを見守った。

「1年近くかけて、この夢の舞台に立つことを目標に頑張ってきた、その集大成となる場所です。私自身もたくさんの感動をいただいています」。そう語るのは主催する日本プロポーション協会

(注1) 1990年にスタートし、今年が33回目の開催となる
(注2) チーフプロポーションカウンセラー

理事長で、ダイアナ代表取締役社長兼会長の徳田充孝。

　ステージに上がるのは個人だが、このアワードはチーム戦の色合いが強いのが特徴だ。プレゼン時は、どの候補者もサロンの仲間やチーフ(注2)への感謝を口にし、受賞発表時にはその仲間から大きな歓声が上がる。上位表彰では担当したチーフも表彰され、肩を抱き合い涙を見せる。

「同じ目標を持つ仲間が集い、みんなで励まし合い切磋琢磨する。それを〝美のプロフェッショナル〟であるチーフが支えコンサルティングする。長年にわたって、この関係を育んできたことが、当社のサロンの大きな魅力です」

東日本大震災の危機で絆がより深まった

　徳田は2009年から、〝プロ経営者〟として同社に参画している。アパレル会社などでいくつもの再建実績を持つ、その手腕をファンドから買われての招聘だった。当初は2年くらいで改革を完了して移籍するつもりだったというが、

わが社はこれで勝負!

95万人

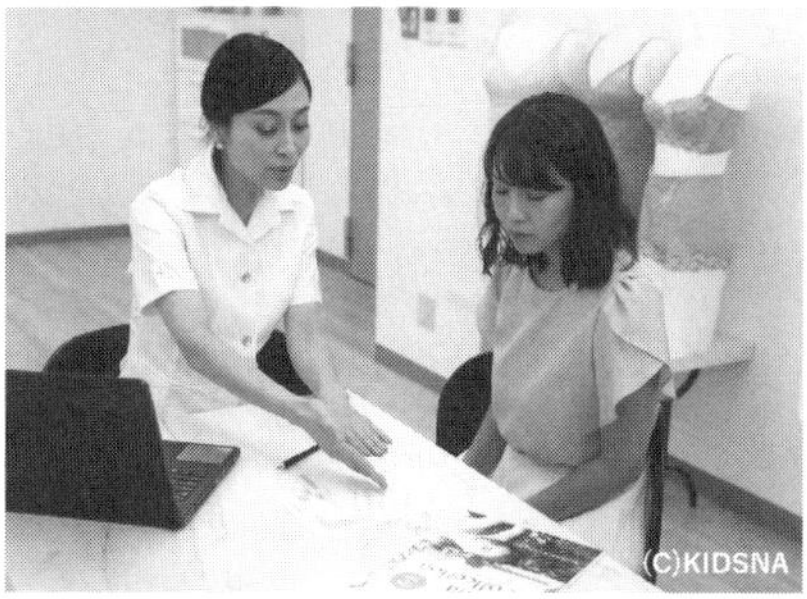

科学的なデータに基づくコンサルティングがダイアナの特徴だ

ダイアナでは、年齢と身長から割り出された理想の体型（ゴールデン・プロポーション）を提唱しているが、その裏付けとなるのが蓄積してきた95万人を超える体型データ。体重やサイズの変化だけではなく、健康的でメリハリのあるバランスのよさを目指し、一人ひとりのカルテを通じてコンサルティングしている。

東日本大震災のある出来事で意識が大きく変わった。

「被災したサロンの応援に現地を訪れると、瓦礫《がれき》だらけのなかで、皆きれいな身なりで出迎えてくれたのです。『化粧をするのは久しぶり』と笑顔を見せて。どんな辛い環境下でもいつも美しくありたいという女性の気持ち、そして本社とサロンやお客さまとの強い絆、これは将来にわたって守り育てていくべき大切な文化だと感じたのです」

その強い決意のもと、徳田はファンドにMBOを持ちかけ、2014年に経営権を取得。創業事業である補整下着の販売を軸に、「100年企業に向けた永続的な成長のため」の事業領域の拡大を積極的に進めた。化粧品・栄養補助食品・ボディケア用品などの主力商品とともに、アパレル、美容、飲食、フットケア事業などにも着手。頭のてっぺんからつま先まで、〝プロポーションメイキングの総合コンサルティング会社〟としての、さらなる進化を図ってきた。

「当社の商品は、単なるモノではありません。お手入れをしながら大切にきちんと使ってゆく〝お道具〟と私たちは呼んでいます。そのお道具を軸とした〝美しいプロポーションづくり〟の重要な役割を果たしているのが、全国約730カ所に展開するサロンの存在です」

ダイアナサロンは、ほとんどが専業FCによる経営だ。「私もあのチーフのようになりたい」と夢を追う既存顧客が独立して開業することが多いという。必然的に初めての経営経験となるため、同社はその不安の解消には特に力を入れている。

PROFILE

徳田 充孝
とくだ　みつたか

1967年、大阪府出身。上場アパレル専務COOなどを歴任後、プロ経営者としての腕を買われ、2009年にダイアナ入社。同年中に代表取締役社長就任。英国国立ウェールズ大学経営大学院MBAプログラム終了。

「開業資金は300～500万円ほどとFC事業としては少なく、私たちが商流に責任を持つため、在庫の必要もなく代金回収リスクもありません。ロイヤリティも不要です。100時間以上の研修を設け、開業から3カ年は、特別な支援チームが運営をバックアップします」

一方、営業は完全予約制が基本で、出産・子育て、介護との両立など、ライフスタイルに合わせた設計も立てやすい。

本当の商品は美しくなることで得られる〝気持ちの変化〟

「高い自由度を保ちながら、多くの方が年収1000万円以上、2000万円以上稼ぐ方も珍しくありません。約半数のサロンが10年以上続いていること、親から娘へと事業を継承するなど30年以上の歴史を持つサロンが多いことも、ダイアナならではの大きな特徴といえるでしょう」

そんなサロンの経営をバックアップするのが、「プロポーションを科学する力」だ。1995年の愛媛大学との共同研究を皮切り

（左）3年ぶりのリアル開催となった「ダイアナ ゴールデン・プロポーションアワード全国大会2022」。（右）AIが導くプロポーションづくり「ヒストリーク」が2022年からスタート

に、多数の大学や機関との共同研究を継続し、一方で全身8カ所の体型データを95万人分、3Dデータを9万人分蓄積。同社独自の理想体型「ゴールデン・プロポーション」を設定し、きめ細やかな個々のカルテを作成し、コンサルティングを行っている。

「科学的なデータに基づくプロポーションづくりのお手伝いと、客観的な数値として表れる〝真の成果〟。それが私たちの信頼の基盤となっています」と徳田は言う。さらにビッグデータとＡＩの活用を強化。蓄積した体型データをもとにＡＩが一人ひとりの条件に合った事例を抽出し、成功への近道を表示する「Historique（ヒストリーク）」が２０２２年からスタートした。

「プロポーションづくりとは、単なるダイエットではありません。健康的でメリハリのあるバランスよい体型が目標です。さらにいえば、私たちが提供するのは真の美しさを手に入れたことで得られる〝気持ちの変化〟です。性格が、着る服が、話し方が変わる。自由な時間を、かけがえのない仲間と、ゆとりを持って〝活きる〟。美しさを叶え、豊かさを実現し、皆さんの感動の機会を増やしていく。それが私たちのビジネスが目指しているものです」

徳田のその姿勢は、社内に対しても同じだ。「お客さまの満足のためには、サロンのオーナーが豊かで幸せでなくてはいけない。そのためにはサロンの経営を支える、当社の社員の人生も豊かである必要がある。まずは、そこが出発点になります」

産休復帰率100パーセントという数値に表れる、それぞれの人生の形に合わせた職場づくり。ランチや懇親会の資金を補助するコミュニケーション支援金や、子どもの会社見学などを通じて醸成されるアットホームな社風。若手の勉強の場である「美来塾」や多彩なCSV活動など、独自の社内制度への注力ぶりは特筆ものだ。「よく働き‼　よく学び‼　よく遊ぶ‼」。人生を存分に楽しめる場をより広く届けていくことが、徳田が思い描く経営者としての使命だ。

株式会社ダイアナ
〒151-0063
東京都渋谷区富ヶ谷1-35-23
ダイアナ本社ビル
☎03-3466-1144
https://www.diana.co.jp/
設　立●1986年7月
資本金●16億5400万円
従業員数●250名
売上高●約140億円
(2021年9月期)
事業内容●プロポーションメイキングの総合コンサルティングフランチャイズ事業

ワイズマート

働く仲間のやりがいと適正な評価をとことんまで追求 利便性と高効率を実現する地域密着型スーパーを展開

代表取締役社長 吉野秀行

「お客さまの身近な冷蔵庫」を理念に、地域密着・小商圏の都心型スーパーを展開するワイズマート。競合ひしめく生鮮スーパーのなかでも、坪効率の高さは業界平均を大幅に上回り、安定した収益構造を堅持する。その強さの基盤にあるのは、「生鮮を扱う仕事の醍醐味」を共有する野武士的な企業文化と、人材の育成や活躍の場づくりに注力する経営陣の愚直な思いだ。

駅から歩いてすぐの好立地。コンパクトな店内ながら、生鮮食品の充実ぶりは目を見張るほど。素材にこだわったオリジナルの惣菜がずらりと並び、ワインの品揃えも驚くほど豊富だ。夜遅くまでよりよいものを手軽に安く買える、その利便性の高さが「ワイズマート」の大きな魅力だ。

東西線・浦安駅前に本店を置き、出店エリアは千葉県西部から東京都東部にかけて。東京のベッドタウンと呼ばれる、住宅が密集する一帯が中心になる。その数は現在38店舗。「この地域特性

（注1）2022年3月度数値で計算。比較対象は全国の270社8303店舗

を生かしながら、ドミナント戦略で高効率な店舗を展開しているのが私たちの強みです」と、社長の吉野秀行は語る。

その象徴的な数字の一つが、売り場の生産性だ。全国スーパーマーケット協会加盟270社の平均値(注1)に比べて店舗面積は3分の1ほどにもかかわらず、月商は9割近く。坪効率でみると、なんと2・5倍以上になっている。

また地域密着の経営も成果を上げており、ポイントカード「ワイズカード」の会員数は80万人超。エリア内の世帯浸透率が7割を超える地域もあるという。

上場を直前で取りやめ強い会社づくりに方針を転換

創業は1969年。ボーリング場経営でスタートし、ブームの終焉とともに1975年にスーパーマーケット事業に転換。東西線沿線を中心に店舗を広げていった。

最初の分岐点は1993年、生鮮部門の直営化を図ったことだ。仕入れも販売もノウハウなしからのスタートで、

わが社はこれで勝負!

29万字

生鮮食品や手づくり惣菜が充実した「ワイズマート」店内

社内のビジネスチャットで社員が毎月発信する文字数の合計は、およそ29万文字にも上る。情報共有やコミュニケーションが活性化している様子がよくわかる。また社長からの情報発信は通称「浦安新聞」と呼ばれ、かつては手書きのFAX、現在はイントラネットで配信し、総発行数は1780回にもなる。

「当時は地獄の苦しみだった」というが、それでも売れる喜びは何ものにも代えがたく、10カ月で11店舗の切り替えを実現した。この時の修羅場をくぐってきた仲間が、その後の成長の牽引役となり、企業内の一体感が醸成されたことも大きな財産になったという。

吉野の入社はその少し前、1989年のことだ。「次々に飛んでくる矢を逃げずに受け止める日々」に悪戦苦闘し、生鮮部門の直営化においても前線で飛び回ったという。

そして社長就任直後の2001年秋に、次なる転機を迎える。「10月にジャスダックに上場する予定だったのですが、市場環境が悪かったこともあり、想定株価が想像をはるかに超えて低かった。この評価であえて上場する意義があるのかと。そして9月11日、ワールドトレードセンターに飛行機が突っ込んでいく映像を目の当たりにして、上場をやめるべきだと決断したのです」

その後、簿価の高かった土地を売却して賃貸に移行するなどBS経営を強化。「会社を大きくするより強くしたい」「カッコいい会社より温かい会社を目指す」と意識を大きく変えた。

そして何よりも重視したのが、働く仲間のやりがいと適正な評価の仕組みづくりだ。まずは受け継いできた野武士的な風土をもとに、「店主集団経営」を方針に掲げた。全店舗をさらに売り場ごとにチーム分け(注2)し、部門責任者に大幅な権限を付与。会社としての基本方針は出しながらも、仕入れなどに柔軟性を持たせ、立地の特性を生かした店舗づくりを可能にした。

一方、月次データなどの経営数字の共有を徹底し、個々の経営者スピリットを養成。「自ら考え

(注2) 現在38店舗、208チーム

PROFILE

吉野 秀行
よしの ひでゆき

1964年、千葉県出身。青山学院大学卒。ジャスコ（現・イオングループ）を経て、1989年にワイズマート入社。2001年、代表取締役社長就任。

自ら動け」の精神を体現する自立型組織の構築に力を注いだ。現在はさらに店舗・部門間の格差を埋めるべく、その垣根を超えた「チーム活動による店舗経営」に発展させている。

ほかにも同社らしい取り組みは非常に多い。例えば社内ビジネスチャットの「Wow Talk」は、月間29万文字が投稿されるというから、同社の情報共有の濃密さがよくわかる。吉野自身も店舗巡回に年間430回訪れ、自ら発信する「浦安新聞」は、累計1780号。価値観や志など、内なる思いを共有する社内文化の醸成は、ずっと変わることない大切なミッションだ。

会社が貯蓄残高の1パーセントを利子補給する財形貯蓄も利用率が高い。現在の総残高は12億円超で、1000万円以上の貯蓄を持つ者が28名いる。資産形成の支援体制もかなり強力だ。

ワイズマートが選ばれる「明確な価値」を表現していく

これらのなかでも、長年にわたって吉野が何よりも腐心してきたのが、社員一人ひとりの評価体制の構築だ。

（左）1991年から延べ102回開催され、正社員全員が参加する決算発表会議。
（中・右）ワイズカード会員向け「お楽しみ箱2022」。3000箱発送し、アンケートの返答率は47.8%に達した

起点においたのは、業績や行動評価、業務オペレーションに至るまで、個々の行動のプロセスを可視化すること。なかでも象徴的なのが独自の社内サーベイの仕組みだ。

これは同じ部門のスタッフが、お互いの評価を書きこむもので、「この方とずっと仕事をしたいですか」など、シンプルながらも現場のリアルを赤裸々にする質問が並ぶ。その結果をもとにした評価点や詳細な解説が、全従業員約2200名分「賞与査定シート」として、半期に一度手渡されるのだ。

「会社としては、頑張っている人に公平に報いたい。スタッフには、自分を見つめ直す機会にしてほしい。そのための手間は惜しみません」と吉野はその意義を説明する。

一体感の醸成は、顧客に向けても同じだ。ワイズカード会員向けを中心に、ディナーショーや観劇会、産地見学会など多彩なイベントを実施。なかでも、200種以上のワインが試飲できるワインフェスタ(注3)や、1階のスーパーで子どもだけで買い物をするところから始まる料理教室(注4)は、いつも大人気だ。

（注3）（注4）いずれも、コロナ禍で一時的に休止中

今後のテーマは、「ワイズマート」の熱烈なファンをどうつくっていくか。そのための明確な〝らしさ〟を表現していくことだという。

「スーパーにとって重要なのは、何よりも商品の根源的な価値。価格・量目・鮮度・美味しさなどがまずあり、そこに当社独自の価値をどうつくっていくかがポイントです。これまで私たちはインストアにこだわり、職人の腕や経験を前面に出してきましたが、さらに２０２４年に竣工予定の生鮮プロセスセンターを活用し、技術と効率化の相乗を進めていきます。これによって、都心の小型店舗の出店ニーズにも機動力高く対応できると考えています」

食は人を幸せにするもの。「今日のごはんは美味しかったな」とふと呟く、何気ない日々の幸せに貢献できる。そんな仕事に携わる幸せを大切にしたいと、吉野は言葉を締めた。

株式会社ワイズマート

〒279-0001
千葉県浦安市当代島1-2-25
☎047-352-0111
https://www.ysmart.co.jp

設　立●1969年5月
資本金●6億3000万円
社員数●2300名
（パート・アルバイト含む）
売上高●470億円
（2022年2月期）
事業内容●千葉県を中心に食料品スーパーマーケットを38店舗経営

オーダースーツSADA

本格フルオーダースーツをより低価格にもっと手軽に「感謝と敬意を伝えるため」のスーツの価値を社会に発信

代表取締役社長　佐田展隆

「完全フルオーダー」にこだわり、オーダースーツの魅力と可能性を発信し続けるオーダースーツSADA。全国に50店舗を展開し、年間12万着の販売実績は国内屈指の規模だ。フルオーダーの自動化を可能にする生産体制や工場直販などの強みを生かし、既製服と変わらない価格を実現。若者を中心とする新たなマーケットを切り拓いてきた。

オーダースーツに対する注目が、近年着実に高まっているという。新規参入企業が増え、大手量販店も独自ブランドを次々と立ち上げた。インターネット上の検索数も増加しており、市場の縮小が続く紳士服業界のなかで、新たな活路を開くキーワードの一つになっているのだ。

「理由としてまず挙げられるのは、各社それぞれに生産や流通の効率化を推進し、価格がリーズナブルになったこと。以前のような『ごく一部の富裕層のためのもの』というイメージが払しょくされたことがあります」

そう語るのは人気の火付け役として注目を集めてきた、オーダースーツSADA社長の佐田展隆。

「もう一つは、『スーツは単なる作業着ではない』と、その魅力や価値に気づく人が増えたことがあります」

最近は、カジュアルなファッションで働くことがごく普通になり、コロナ禍以降のリモート勤務の増加で、スーツの着用機会はさらに減少している。だからこそ逆に、「ここぞという時の一着」にこだわる人が増え、手軽な価格で買える本格的なオーダースーツが、そのニーズにうまく嵌ったのだという。

「興味を持つ方が増えてきたからこそ、あらためて周知したいのが、『そもそもオーダースーツとは何か』ということです。一般的にパターンオーダー、イージーオーダー、フルオーダーなどに分類されますが、お客さまにとってはなかなかわかりにくいもの。私たちはあくまでも完全フルオ

わが社はこれで勝負!

50店舗 12万着

「オーダースーツSADA plus」銀座店内観

「オーダースーツSADA」の直営店は全国で50店舗。オーダースーツ専門チェーンとしては国内最大規模になる。メンズ・レディースとも、お試し価格1着1万9800円（＋消費税）という圧倒的な低価格がセールスポイントで、直近の年間販売数は約12万着、累計では500万着を超える規模になっている。

ーダーにこだわり、『体にしっかりフィットして、シルエットを美しく見せる』フルオーダーだからこそ可能なスーツの魅力を発信していくことに重きを置いています」

「迷ったら茨の道を行け」。周りの反対を押し切り、再び経営の立て直しに挑む

業界の第一人者として躍進を続ける同社だが、その歴史は苦難と危機の繰り返しだった。創業は1923年。服飾雑貨商としてスタートし、2代目・佐田茂司が「今後は洋装の時代になる」と、ウール生地を取り扱う佐田羅紗店を立ち上げた。やがて縫製業へ進出し、3代目・久仁雄によってテーラーや百貨店向けにオーダースーツのOEM事業を拡大していった。

「今に至る事業基盤とともに、祖父が私たちに残してくれた大きな財産が、お客さまとの信頼関係と家族主義の企業文化です。今でも祖父に恩義を感じていただいている方が多く、その後の会社再建の過程でも、大きな意味を持ちました。一方、先代の功績は積極的な設備投資です。北京に工場を立ち上げ、〝フルオーダーの自動化〟を可能にする画期的なシステムをつくり上げました。特にCADシステム（SADAシステム）は他に類を見ないレベルにあると自負しており、現在の競争優位性の拠りどころになっています」

ただ、積極的な設備投資は両刃の剣でもあった。工場の稼働を上げるために薄利の仕事が増え、2000年に最大取引先の百貨店が経営破綻したことで、一気に窮地に追い込まれた。

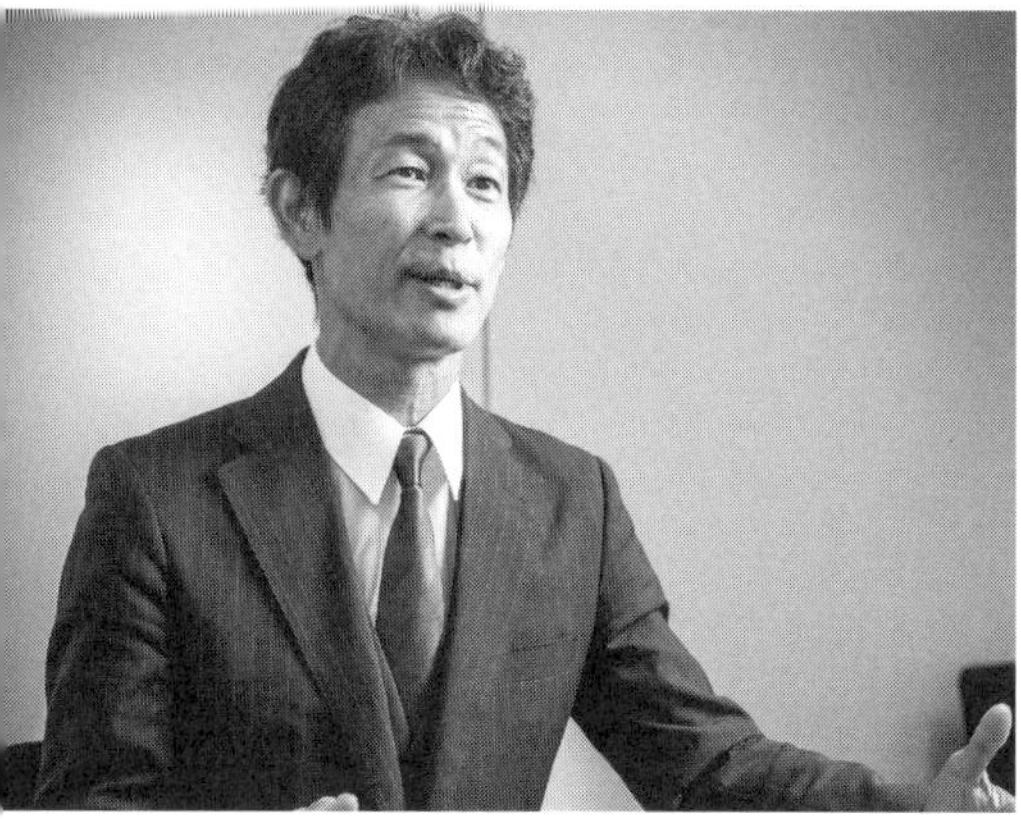

PROFILE

佐田 展隆
さだ のぶたか

1974年、東京都出身。一橋大学卒。東レを経て、2003年に佐田入社、2005年代表取締役就任。破綻寸前の会社を黒字化するも、2007年に会社を再生ファンドに売却。2011年、再び立て直しを依頼され代表取締役社長として復帰。

その立て直しの任を受けた佐田が、新たに目を付けたのが「若者向けオーダースーツ」という未知の市場だ。

強みとする生産体制を生かし、「お試し価格1着1万9800円（＋消費税）という圧倒的な低価格を打ち出すと、これが大きな話題になった。また、サッカーや野球などのプロスポーツチームのスポンサーになり、「太ももが極端に太い選手でも、体型にぴったり合ったスーツができる」と、オーダースーツの特長をアピールして認知の拡大に努めた。

ただそれでも有利子負担は重く、同社はファンド傘下に置かれ、佐田はいったん経営から退いた。

社長に復帰したのは、東日本大震災後さらに窮地に陥った後。周りの誰からも大反対されたというが、祖父に繰り返し聞かされた「迷ったら茨の道を行け」の言葉を胸に、あらためて経営の立て直しに挑むことになる。

この時、佐田が最優先のテーマに置いたのが、直販店展開だ。2011年10月、新宿の甲州街道沿いの好立地に「背水の陣で」

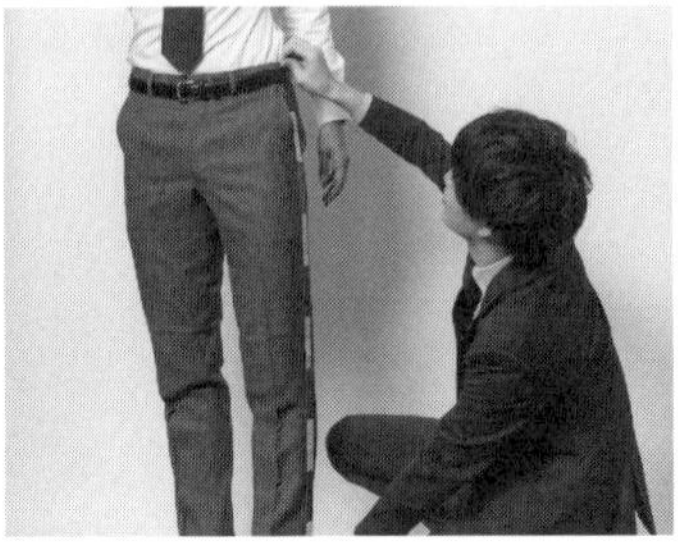

（左）一人ひとりの採寸データに合わせてフルオーダースーツを仕立てる。
（右）国内製造の拠点「宮城工場」内観（宮城県大崎市）

新店を出すと、なんとオープンから3週間で250着を売り上げた。ここから怒涛の進撃が始まった。

お客さまと一緒にオンリーワンのモノづくりができる

その後の同社の成長要因を分析すると、まずは価格面が挙げられる。自動化された中国の生産体制、工場直販の仕組み、圧倒的な生産量によるコスト削減が、その優位性の基盤にある。

SNSをはじめとするマーケティング力も非常に強い。「ビジネススーツで世界遺産・富士山に登る！」を皮切りに、〝佐田社長の挑戦シリーズ〟の動画は、同社の名物企画になっている。また経営者や芸能人、スポーツ選手など、著名人のお仕立て実績をホームページに上げており、その数は300名以上。テレビ番組での特集をはじめ、メディア登場実績も豊富だ。

しかし経営の屋台骨を支えるのは、やはり人材力の高さだろう。「フルオーダーのお仕立ては採寸から始まります。しかし、ただ寸法を測るだけではありません。適正な〝ゆとり〟を算出し、お客さまの言葉のニュアンスをどう汲み取っていくか。そこには高いホスピタリティと、専門的な知識が問われます。しかしその分、『お客さまと一緒にオンリーワンのモノづくりを手がけていく醍醐味』がある。非常にやりがいのある仕事といえるのではないでしょうか」

そう語る佐田が何より社会に伝えたいのが、ビジネススーツは相手に礼を尽くすため、感謝と敬意を伝えるための最上級のアイテムであるということだ。「首脳会談でもG7でも、ビジネスの場での最高位の正装は、世界共通でビジネススーツです。だからこそ〝礼儀としてのフルオーダースーツ〟の価値を、もっと多くの人と共有していきたいのです」

そのためにも自らの事業規模の拡大を重要なテーマに置く。メンズスーツの市場規模は現在約2000億円。その5パーセントを占める100億円突破が、佐田が考える直近の目標だ。

株式会社
オーダースーツSADA

〒101-0032
東京都千代田区岩本町2-12-5
5F
☎03-5809-2536
https://www.ordersuit.info/

創　業●1923年

資本金●1億円

従業員数●320名
（グループ計）

売上高●33億2770万円
（2022年7月期）

事業内容●紳士・婦人オーダースーツ製造・卸・販売、オーダー制服・礼服製造・卸・販売

正林国際特許商標事務所

中小ベンチャーから大企業まで頼れる相談相手として〝攻め〟の知財戦略を支援し企業のイノベーションを推進

所長／弁理士 正林真之

顧客の価値向上を担う「知財の専門家集団」あるいは知財を活用した「バリューアップアドバイザー」として、1998年の設立以来多くの企業の成長を支えてきた。専門領域ごとに経験豊富なスタッフを揃え、知的資産を創造し、知財価値を生むまでのあらゆるステップをサポートする。特許出願・管理業務はもとより、〝攻め〟の知財戦略に独自の地位を築いている。

2021年6月、東京証券取引所は上場企業に求められる企業統治の原則「コーポレートガバナンス・コード」を改訂し、適切に開示すべき対象として「知的財産への投資」の項目が新たに追加された。

その背景には、企業価値において知財の中身に注目が集まり、投資家の評価にも影響し始めたことがある。その結果、企業はその戦略を積極的に開示する姿勢が求められるようになった。

もちろん日本企業にとって、特許出願はかねてから重要なテーマではあった。しかし、生み出した技術やサービス、ネーミングなどを、特許や商標登録で保護する〝守り〟の部分に終始し、〝攻め〟に活用するまでは至らないことが多かった。しかも、その守りの知財で固めていたとしても海外のパテント・トロールから狙い撃ちされてしまっていた。

「そんなところに、東証がコーポレートガバナンス・コード改訂で、守りだけでなく攻めの知財についても、取り組みの推進を求めてきたのです」。そう説明するのは、正林国際特許商標事務所の正林真之所長だ。

「企業の知財戦略の守りと攻めは、オペレーションとイノベーションと言い換えることができます。開発した技術についで特許を取り、その技術にかかわる事業を守っていくのがオペレーションの知財なら、すでにある特許やこれから取得する特許のマネタイズや武器化を進めていくのがイノベーションの知財といえます」

わが社はこれで勝負!

3年連続

東京・丸の内「サピアタワー」に本社事務所を構える

全世界における優れた知財専門家を選出している「IAM Patent 1000」（英国IAM社が主宰）は、毎年世界レベルで活躍する知財専門家を選出している。正林所長と同所は「最も信頼できる、必ず頼りにすべき」知財リソース（the definitive 'go-to' resource）として3年連続で受賞、世界でも信頼を勝ち得ている。

特許庁のOBを含む経験豊富な弁理士が80名以上在籍

正林は、東京理科大学理学部応用化学科を卒業した理系の出身だ。大学院に進んだものの、理系の知識を活かしながら社会の役に立てるのは弁理士業なのではないかと考え、大学院を中退して知財業界に飛び込み、1994年に弁理士登録、1998年に事務所を設立した。

「当時はまだ、知財という概念は社会になく、工業所有権などと表現されていました。多くの特許事務所は、企業の特許部や知財部の依頼で申請事務をこなすのが主な仕事でした」

正林はこのころ、東京大学先端科学技術研究センターの知的財産法分野に客員研究員として所属している。ここでの知見や大学とのネットワークは、その後の経営で非常に役に立ったという。

正林がこだわってきたのは、「人がやらないことをすること」。自身のバックグラウンドである化学とそれ以外の分野（電気や機械など）の間、もしくは機械の融合領域など、ニッチな領域で成果を出し、時代に先んじて大学の研究成果の権利化にも積極的に携わった。

また、専門誌の人気連載を数多く持ち、受験指導のための「正林メソッド」を開発して多くの若手弁理士の輩出に寄与するなど、業界内での発信力・影響力は着実に高まっていた。

大きなターニングポイントは、2011年に現在の丸の内のオフィスに移転したこと。大企業の案件に加えて、金融機関や支援機関や、そこからの紹介を通じてきた有望なスタートアップや

PROFILE

正林 真之
しょうばやし まさゆき

1966年、千葉県出身。東京理科大学理学部応用化学科卒。1994年、弁理士登録。1998年、正林国際特許事務所（現・正林国際特許商標事務所）設立。

オーナー企業からの相談が増えたのだ。それに伴って事務所の規模も大きくなり、全体で約３００名、特許庁ＯＢが30名以上、弁理士数も80名を超えるまでになっている。

「一般的に特許事務所は、特許を出す手続きだけが仕事になりがちですが、私たちは発想が全く違います。お客さまが何を望んでいるかを把握し、経営の上流までを見て戦略を打ち出し、コンサルティングを行うのです。実際に、知財に力を入れると企業の業績が伸びていくという手応えがあり、それが私たちの評価につながってきたのだと感じています」

多面的・総合的な分析で、守りと攻めの知財戦略を立案

企業にとって同所をパートナーないし顧問とするメリットは、自社の保有している知財と、それに基づくビジネスの現状を明確に把握できるようになることだ。

例えば、ある商品分野における自社のポジションを知りたい場合、商標の出願状況から分析を行う。商標登録は、会社の商

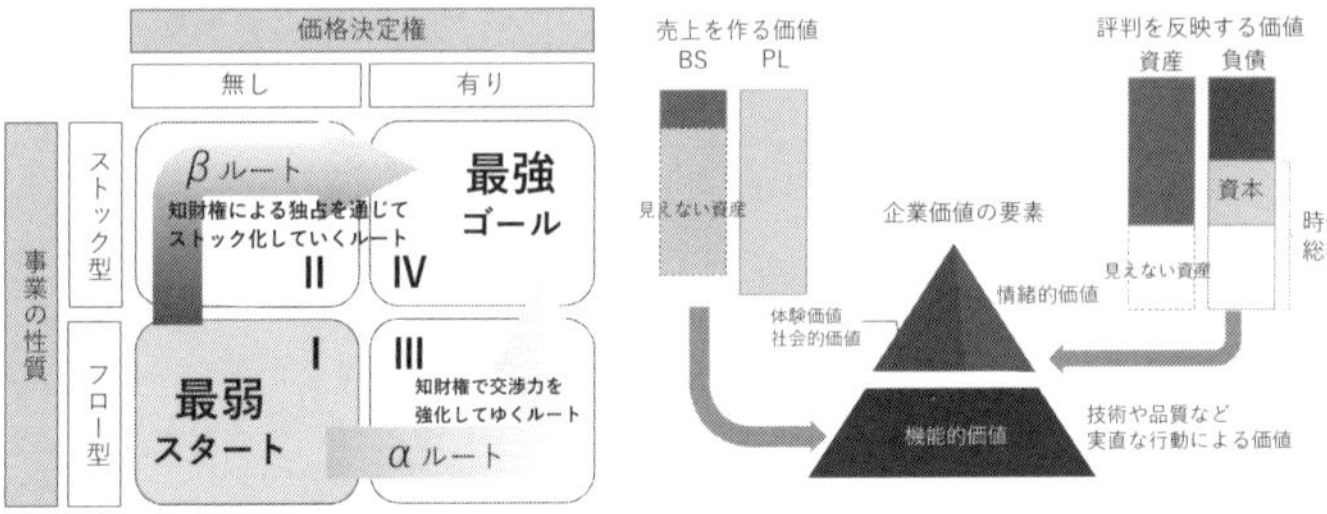

正林国際特許商標事務所が提唱する「知財戦略勝利のシナリオ」から。（左）儲けるためのステップと知財権。（右）見えない資産に反映される機能的価値と情緒的価値

品開発やブランドの継続、新規製品開発意欲を表しているからで、それを基に自社の今後の戦略予測ができるからだ。

あるいは、M&A後のシナジー効果を発揮したい場合、双方の特許権をベースに、シナジーを生みやすい付加価値の高い特許を見つけ出し、適用可能性を探るとともに、適用可能な要素技術の特定を試みることも有用だ。

買収時点で明確となっているコア技術以外にも、自社技術と買収先の技術を調査分析することで、大きな付加価値を生む可能性があるからだ。

また、ユニークな技術を持った協業先を見出したい場合、期待したい技術内容がわかれば、その技術内容に関する特許の状況から、その技術のなかでもユニークな技術がどの会社にありそうなのかといった分析結果を提供することができる。

その情報を用いれば、協業先の探索や、M&Aのターゲットを探すなどの活用も十分可能だといえよう。

このほか、同所の「IPアドバンテージマトリクス」や「I

Pポジショニングマトリクス（IPPM®）」などの分析サービスを利用すれば、保有知財の有効性評価や、知財を活用したビジネスに関する戦略の強みと市場での強さの位置付けが見てとれる。こうした多面的・総合的な分析が、守りと攻めの両方の知財戦略の立案に欠かせないのだ。

「私たちのサービスは、企業経営における知財戦略の重要性をいち早く認識し、さまざまな成長段階にある企業にソリューションを提供すること。どのような戦略を取り、その戦略をどのように開示すればいいのか。そのための広く深い知見を長年にわたり磨き上げてきました」

正林のもとには、未知の可能性を持ったまだ小さなスタートアップから、誰もが知る超大企業まで、日々多くの経営者が訪れて意見を請う。そこには、知財という枠だけではおさまらない、未来をともにする相談相手としてのオンリーワンの評価がある。

正林国際特許商標事務所

〒100-0005
東京都千代田区丸の内
1-7-12 サピアタワー
☎03-6895-4500
https://www.sho-pat.com

設　立●1998年3月

従業員数●約300名
（登録弁理士約80名）

事業内容●内外国特許（含むビジネスモデル特許）、実用新案、商標、意匠などの出願・中間処理。審判事件、審決取消訴訟。侵害訴訟、鑑定。出願戦略等のコンサルティング、知財デューデリ®、知財価値評価等

モトックス

世界中の優れたワインを高品質・適正価格で日本へ〝ワインのある暮らし〟を豊かに醸成するインポーター

代表取締役社長 寺西太亮

気取ってる、選ぶのが難しい、高い……。ワインは、その「難解さ」ゆえに苦手意識を持つ人も少なくないお酒だ。そんな人でもいいワインを選べる裏技がある。産地やブランドでなく、ラベル裏の「輸入者」欄をチェックして「ワインをインポーターで選ぶ」のだ。世界中の高品質なワインを日本に紹介し続けてきたモトックスは、信頼できるインポーターの代表格だ。

ワインの美味しさは、ブランドやビンテージだけでは決まらない。そもそも農産加工物のワインは、はるばる海を越えて輸送されている間も、セラーで保管されている間も、ゆきとどいた管理がなければ風味が落ちてしまう。「誰が造っているか」と同じくらい、「誰が扱っているか」も重要なのだ。モトックスでは、フランス、イタリアをはじめ22カ国のワイナリーから、独自の基準でセレクトした3000種近いワインを扱っている。

コストパフォーマンスがよく、デザインが美しく、産地や品種の個性がある。この三拍子が揃わないワインは決して扱わず、品質管理は法規よりはるかに厳格な自社基準を厳守する。親会社を持たない独立系インポーターのトップを走る同社だが、社長の寺西太亮が語る言葉は、ワインの上品なイメージとは裏腹に泥臭い。

「当社がインポーターとして成長できたのは、〝正直商売〟が企業文化として根づいていたおかげです」

同社のルーツは、大正時代に東大阪に開業した、乾物などを扱う商店だ。その後、酒屋になり、卸問屋になり、時代の流れとともに業態を変えながら地域密着型でビジネスを成長させてきた。ワイン事業を始めたのは寺西の父、太一。創業72年目の1987年のことである。

「最初から『ワインのインポーターになろう』と意気込んでいたのではなく、ワインという新しい商材を扱うことでビジネスの幅を広げるのが目的だったと聞いています」

わが社はこれで勝負! 22カ国3000種

ワイン30万ケースが保管可能な低温倉庫内観

直近ではブルガリアとの新たな取引が始まるなど、毎年のように新たな産地を開拓。現在22カ国3000種のワインを取り扱っている。一方で、酒販店との取引は全国でおよそ1万店。多品種少量の取引を可能にする独自のWeb発注システムと在庫管理の仕組みが、同社の販売力の強さを支えている。

当時は、地域の酒販店を得意先とする地場問屋。メインで扱っていた大手メーカーのビールや日本酒に比べると、ワインは選択肢が少なく情報も少なく、高価だった。正直商売をモットーとする流通のプロとして、高品質のワインを適正価格で扱えば商機があると考えたのだ。

まずは商社との取引から始めたが、それでは生産者の情報が十分に得られない。そこでワイナリーからの直接買い付けに切り替えた。先入観にとらわれず、各地でコツコツと生産者を訪ねてはいいワインを探しあて、適正価格で商流に乗せていった。

「誠実に情報をやりとりし、こまめに訪問し、ミスがあったら頭を下げる。当たり前のことですが、生産者はワインに対する思いが強いので、私たちのやり方に共感してくれました」

海外での物流は現地のフォワーダー（貨物事業者）に任せるが、「発注して終わり」ではなく、集荷の細かい要望や苦情も生産者から直接受け付ける。1本1本のワインを大切に扱い、顧客の反応もこまめにフィードバックする。こうした評判を聞いた生産者から「日本市場にチャレンジするパートナーになってほしい」と直接オファーが入ることも珍しくない。

効率化と感性をともに追求できる社内の仕組みを構築

バブルの波に乗ってワイン事業を拡大し、何度かのワインブームを経て商圏を全国に拡大。インポーターとしての同社の歴史は、そのまま日本のワイン市場の成長の歴史に重なる。

PROFILE

寺西 太亮
てらにし だいすけ

1978年、大阪府出身。同志社大学卒。大手飲料メーカーを経て、2004年から南仏のワイナリーで醸造とマーケティングを学ぶ。2005年モトックス入社。2011年代表取締役副社長、2018年代表取締役社長就任。

「この30年間でワインはかなり身近になりましたが、日本の成人1人当たりの消費量は、1年で4本ちょっと。伸びしろはまだまだありますし、そのためにできることも多いと思います」

同社には、DX先進企業としての顔もある。2000年からいち早くIT投資を行い、業界に先駆けてWeb受発注システムを整備。デリケートな管理が必要なワインを多品種少量で扱える、在庫管理システムと業務フローを洗練させ続けてきた。取り扱えるアイテム数はそろそろ限界になりそうだというが、「いいワインが見つかると、無理をしてでも扱いたくなるんですよね」と、寺西は笑う。

「効率化」とともに、感性を磨くことも重要だ。買い付けの基準をさまざまな角度から設定している同社だが、最終的には、社内品評会における「モトックスらしいかどうか」が決め手になる。社員一人ひとりがセンスを磨き続けることが、ワイン専門商社としての成長の最も大きな武器といえるだろう。

社員の能力開発の仕組みも、2022年に一新。研修組織と

（左）モトックスが開発したアプリ「Wine-Link」。マーカーを読み込むとワインの情報が表示される。（右）「クラフトサケ」シリーズのラインナップ

して「モトックスアカデミー」を立ち上げた。ワイン学部、営業学部、HR学部などと銘打った、さまざまな学びのプログラムを構築したのだ。

「当社は、経営理念に〝Serviceable Company〟という言葉を掲げています。社会に貢献できるサービスを提供する能力を磨くためには、一人ひとりが思いを持ち、実現に動くことが大切です。そのための投資は惜しむつもりはありません」

日本ワインも日本酒も、輸入ワインの商流に乗せていく

新たなチャレンジも始まっている。一つは、日本を「ワイン産地」として位置づけ、その価値を高めていくことだ。「日本でも、素晴らしいワイン生産者が増えていますが、まだ輸入ワインと別の商流で扱われることが多い。ぜひ同じ選択肢の一つとして多くの人に味わってほしいと思っています」

日本酒の強化も大きなテーマで、全国の蔵元と連携し、ワインのように楽しめる日本酒「クラフトサケ」シリーズを共同開

発。現在17蔵100アイテムにまで広がっており、海外市場への輸出も始まった。

もう一つは「ワインのある暮らし」の提案だ。直営オンラインショップ「UNCORK」では、ワイングラスやおつまみなどを販売するほか、ワイン関連情報を発信。コロナ禍を機に海外ワイナリーのバーチャルツアーなどのオンラインセミナーも開催しており好評だ。

こうした活動の先に見据えるのは、豊かなワイン文化が息づく世界だ。「ワインを飲みながらケンカする人って、いないと思いませんか？　私たちは、ワイン文化を広げることで心豊かな暮らしを広げようと真面目に考えています。ワインが国際的な社交の場に不可欠なのも、食事を楽しみ、会話を楽しむことが、ワイン文化に埋め込まれているからです。世界の幸せを増やす。そんな思いで、ワインのある暮らしを提案していきたいと思います」

株式会社モトックス

〒577-0802
大阪府東大阪市小阪本町
1-6-20
☎06-6723-3131
https://www.mottox.co.jp/

設　立●1954年3月
（創業1915年）

資本金●3000万円

従業員数●202名

売上高●97億3000万円
（2022年1月期）

事業内容●酒類専門商社（輸入ワイン、全国地方銘酒・焼酎・泡盛）

ファイン

まるで目の前に実在しているかのような臨場感 CG・VR技術で建築業界の営業販促をサポート

代表取締役 古川武志

室内を歩き回って、さまざまな角度から眺めを確かめたり、天井をパッと消して吹き抜けにしたり……。映画やゲームでおなじみのリアルな三次元CGやVR（バーチャルリアリティ＝仮想現実）が、住宅・建築業界のプレゼンテーションを大きく変えている。こうした事業のイノベーションを裏で支えるデジタルコンテンツ開発者集団が大阪にいる。

ファインは、デジタルテクノロジーを先取りしながら、住宅・建築業界のプレゼンテーションを進化させてきた企業だ。代表の古川武志が個人事務所を立ち上げたのは1991年。当時は建築パースも手描きの時代で、古川も近隣の設計事務所やゼネコンに飛び込み営業をかけながら、ビルやマンションの建築パースを絵の具やエアブラシで1枚1枚手描きする業務を請け負っていた。すべての案件がオーダーメイドであり、制作に時間がかかるのはもちろん、いったん描いてしまうと修正が難しく、クライアントから要求されれば一からつくり直すことも珍しくなかった。

描けば描くほど経験値は上がるが、業務量の限界にもぶち当たる。そこで古川は独学でCGを学び、パース制作に取り入れた。デジタルデータなら何度でも修正が可能で、プランのバリエーションもつくりやすいからだ。

なかでもパースに欠かせない、人物、樹木、家具など、「添景」と呼ばれるデータの充実に力を注いだ。まだデジタルカメラも普及していない時代。暇さえあれば写真を撮り、フィルムからスキャンして、フォトショップで切り抜いてと、コツコツと蓄積した素材データを組み合わせて、パースの表現力を高めていった。

パースのオーダーメイドから、コンテンツ販売へ

最初は自身のパース制作に使うことが目的だった素材づくりだが、やがて建築業界にCGパースが浸透してくると、

わが社はこれで勝負!

14万点

用途別・種類別など多種多様な「添景データ」を販売する

家電、照明、厨房機器から植物、乗り物などまでパース制作に必要な添景素材を2D、3D双方に対応できる形で、約14万点保有。分野ごとにパッケージ化した「添景工房」として販売するほか、すべてのデータをダウンロード可能な会員制サービスサイト「DATA STATION members」をサブスク型で提供している。

同業者から「添景データを使わせてほしい」という依頼が舞い込むようになる。

この波に乗って1999年にCD-ROMの素材集『添景工房』を販売したところ大ヒット。翌2000年には建築系CG素材ダウンロードサイト「データステーション」を立ち上げ、2002年には月額課金の会員制サービスというビジネスモデルを確立させている。アマゾンの日本上陸が2000年、アップルが日本で音楽ダウンロード販売を始めたのが2003年であることを考えれば、サブスク時代を先取りした、非常に先駆的なサービスだったことがわかる。

「労働集約型から、データを資産として活用する資源再利用型へ、ビジネスモデルを大きく転換したのがこの時でした」と古川は振り返る。

それから20年以上にわたって「データステーション」の成長は続き、今では2600社以上に利用されるまでになっている。登録データは14万点超。エクステリアにインテリア、家具に食器にペットまで、およそ生活空間にありそうなものを網羅しているのはもちろん、多数のメーカーと連携し、実際に販売されている建材や住宅設備などの製品も精密にデータ化。あらゆるCADソフトで扱えるように7種類ものデータ形式で用意するなど、至れり尽くせりだ。

こうしたデータ資産を活用しながら、デジタルコンテンツを自動生成するソフトウェアの開発も進めた。例えば、CADソフトで作成した設計データを読み込むだけで、家具などを配置した完成度の高いパースを数分で自動生成する「オートパース」は、同社の代表的なサービスだ。

PROFILE

古川 武志
ふるかわ たけし

1960年、大阪府出身。大阪商業大学を中退し、大阪デザイナー専門学校に進学。パース制作会社勤務を経て、1991年に独立。1995年ファインを設立し、代表取締役に就任。

こちらもサブスクのビジネスモデルで、名だたるハウスメーカーや不動産デベロッパーに軒並み採用されている。手間のかかるパース作成を自動化できるとあって、企業によっては年間数千万円ものコスト削減につながっているケースもある。

「メタバース」という仮想空間での新たなチャレンジ

「ハウジングVR」の開発にも早い段階から取り組んできた。住宅やビルの設計データを元に、VRコンテンツをまるごとつくり出すシステムを構築し、関連技術の特許を2019年に取得。居住空間をさまざまなパターンで仮想体験できるため、ハウスメーカーは華美なモデルルームを持つ必要がなく、ユーザーはデザインイメージを納得いくまで確認することができる。

そして、3D-CGデータ制作、ビジュアル制作、プログラム開発、エンジン開発など、すべてを自社でまかなえるトータルなコンテンツ制作力と、その周囲に形成された建築・住宅関連のエコシステムなどの他社にはない大きな強みを生かし、同

（左）CGと思えないほどリアリティが高いオーダーメイドパース。
（右）建築プレゼンに特化した「ハウジングVR」。多くの住宅メーカーで採用されている

社が次のフィールドとして見据えるのが「メタバース」だ。

「今後、メタバースと呼ばれる仮想空間はどんどん広がっていくでしょう。その結果『仮想の建築』の需要も増え、これまで現実世界で培ったノウハウを生かせる場だと考えています」

ＮＦＴマーケットでデータを販売したり、バーチャル都市空間に集客装置を開発したり。メタバースへの進出を狙う企業をサポートするサービスを一元的に提供するプラットフォームとして『メタデータステーション（仮）』の開設を構想中だ。

このように、デジタルテクノロジーの先端を走り続けてきた同社だが、「マインドはとてもアナログなんです」と古川は語る。

「絵や映像がどんなにきれいでも、ユーザーの思いを無視した提案は心に響きません。私たちがいちばん大事にしているのは、思いをしっかり聞いて、それを受け止め、表現すること。テクノロジーは、あくまでそのための手段にすぎません」

前のめりにデジタル技術を駆使してきたことを成長の原動力にしてきた一方で、オーダーメイドのパース作成が創業以来変

わらぬ収益の柱であり続けていることにも、そんな同社の姿勢が表れている。

「ここぞという案件では『ファインのパースを使うと成約率が上がるから』と、オーダーメイドのご依頼をたくさんいただきます。それは、うちのパースが表面的なきれいさより、暮らす人が実現したい未来を可視化することを重視しているからだと思っています。ソファに愛犬をさりげなく座らせたり、リビングの窓から愛車をチラリとのぞかせたり。施主さんの思いにとことん寄り添い、いかに細かいところまで具現化できるか。エンジニアの教育でも、そんなマインド部分を最も大切にしています」

「思いを形にできる頼れる存在になる」という企業理念は、こうした信念を凝縮したものだ。テクノロジーの開拓と、表現にかける情熱を両輪に、同社は新たな未来を描き続ける。

株式会社ファイン

〒550-0004
大阪市西区靭本町1-4-2
プライム本町ビルディング3F
☎06-6448-0013
https://www.fine-d.co.jp/

設　立●1995年6月（創業1991年）

資本金●3000万円

従業員数●65名

売上高●7億2000万円（2022年5月期）

事業内容●建築プレゼン業務支援を中心に、デジタル素材提供やVRコンテンツ開発、環境商品情報提供サービスなどを展開

ニューズドテック

中古携帯販売の知見を生かして〝劣化予測〟を事業化
一次、二次を超えた新市場をテクノロジーで創造する

代表取締役　粟津浜一

「中古携帯の二次流通」というニューマーケットの開拓を主導し、年間40万台もの取り扱いを誇るニューズドテック。自らの成長だけでなく、業界のよりよい未来をつくるために、所管官庁の総務省と連携し、業界団体や認証制度の立ち上げにも注力してきた。そんな同社が挑むのが、培ってきたテクノロジーを生かした「劣化予測」という画期的な新サービスだ。

ビジネスでもプライベートでも、いつも肌身離さず持ち歩き、もはや体の一部といっても過言ではないスマートフォン。日々の生活における依存があまりにも大きく、「もし突然動かなくなったら」その時の衝撃と落胆はいかほどだろうか。

しかし寿命は必ず来る。それが少しでも早く確実にわかれば……。その課題解決をコンセプトに生まれたのが、スマホのバッテリー劣化と故障を予測診断するアプリ「スマホカルテ」だ。

「人間の体であれば、『少し体調が悪いな』と思ったら、体温を測ったり、病院で検査をしたりします。しかしスマホには、その方法がありません。また天気予報のように、前もってリスクがわかっていたら、あらかじめ対処することができる。そんなサービスがあればいいなという想いが、事業の原点にあります」。そう語るのは、「スマホカルテ」を開発したニューズドテック社長の粟津浜一だ。

「SDGsの考え方がより重視される社会において、少しでも商品の寿命を長くし、モノを大切にする文化を社会に広めていくことは、二次市場と呼ばれる中古携帯の流通に長年携わってきた者としての使命だとも考えています」

サービスの概要は、スマホにアプリをインストールすることで、ショップや修理店へ行かなくても、ユーザー自身がスマホの今を〝健康診断〟できるというものだ。

液晶画面、カメラ、マイク、Wi-Fiなどの各機能を、独自のセンサー技術で最大26項目検査し、異常をシグナルとし

わが社はこれで勝負!

40万台

デバイスの再評価・再流通事業の要となる検品作業

2021年度の年間販売台数は、前年度比40%成長の40万台。コロナ禍によって、リアル店舗は全店閉鎖を余儀なくされたが、社員はその決断を前向きに受け止め、EC中心のビジネスモデルへの転換を推進してきた。EC単体では前年比ほぼ倍増。業界内でも最大規模の販売実績となっている。

て発信。レポートとしても一覧できる。なかでもバッテリーに関しては、現状とこれまでの使用履歴などを基に算定し、最長2年先までの劣化予測が可能となっている。

２０２２年3月から無料で試験的に始めると、「予想の10倍を超える反響があった」ことから、10月に有料サービスとして強化。翌月には、「バッテリーが劣化した時にスマホが交換できる」というバッテリーの保証サービス(注1)も開始した。

「テクノロジーによってバッテリー劣化や故障劣化を予測して、壊れる前に交換するというサービスは、私たちの業界に限らずとも画期的なものではないでしょうか。商品の売買や流通において既存の概念を一変する、新たな可能性を生み出すものでありたいと思っています」

携帯電話の市場が大きく様変わりする、その時代の流れに先駆けて事業を開始

岐阜県羽島市で毛織物関連の事業を手がけていた家に生まれ、「企業経営の怖さを肌身にしみて感じていた」という粟津が、それでも「自分だからこそ可能な、社会に価値があるものを世に出したい」と、事業を立ち上げたのが２００８年1月(注2)。

起業にあたっては、初期投資が少ない、成長分野である、トップに立てることの3つの条件を掲げ、「二次流通の市場という概念がまだなかった」中古携帯電話の売買に焦点を当てた。米国でアップルが「iPhone」を発売(注3)し、国内ではソフトバンクの「ホワイトプラン」が始まった直後の

(注1) スマホの規定区分によって一定額の費用負担は必要
(注2) 2008年当時は個人事業、2009年1月に法人化
(注3) 米国で2007年6月、日本では2008年7月の発売
(注4) 業界団体としてスタートし、2020年に社団法人化

PROFILE

粟津 浜一
あわづ はまかず

1979年、岐阜県出身。筑波大学大学院理工学研究科修士課程修了。ブラザー工業を経て、2009年にアワーズを設立。2022年2月、ニューズドテックへ社名を変更。

こと。携帯電話のマーケットが激変していく、まさにその時代の流れを読み切ったかのようなタイミングだった。

当初こそ、知り合いの伝手を頼った属人的な商売だったが、すぐにシステム開発を手がけ、「買取からオンライン販売までのＩＴ化」を実現。リサイクルショップ、ブランド買取店、クリーニング店など全国に仕入ネットワークを広げ、それが次なる成長の起点となった。現在の加盟店は８００店ほどになる。

一方、業界の健全化にも先頭に立って動いた。飛ばしビジネスが横行する時代があり、市場の発展のためには「消費者からの信頼」が何よりも大切だと考えたからだ。そこで粟津はリユースモバイル・ジャパン（注４）を設立し、初代代表理事に就任。ガイドラインや事業者認証制度の構築などに尽力してきた。

リアル店舗からEC中心の事業モデルへの転換に成功

中古携帯の二次流通市場が、本格的にクローズアップされるようになったのは、実はまだ最近のことだという。その転機は

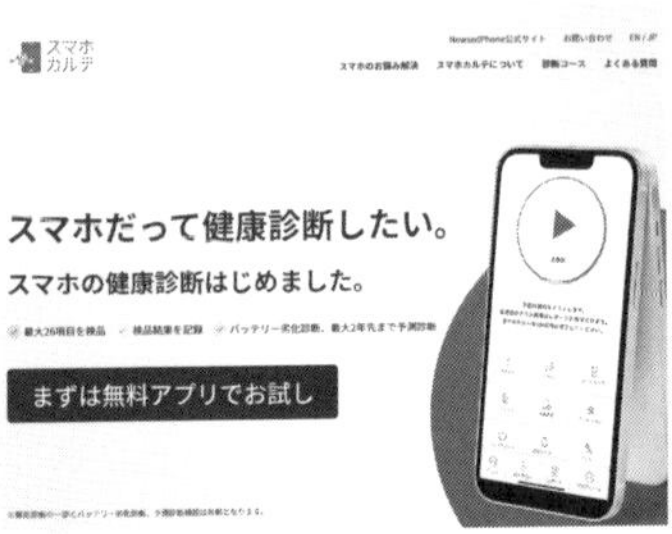

(左)スマホの健康診断「スマホカルテ」を2022年からスタート。
(右)女子カーリングチーム「フォルティウス」のトップスポンサーとして契約

２０１９年の改正電気通信事業法の施行だ。「携帯電話の通信料金と端末代金が完全に分離され、『実質ゼロ円』の時代が終わりました。端末代金の〝見た目の負担感〟が一気に大きくなったことで、中古への関心が高まってきたのです」

また、スマホのスペックが高止まりしたことで、最新の機種を追い求める層が少しずつ減った。国内のスマートフォン年間販売台数は３０００万台辺りで足踏みが続いており、その代わりに中古市場に目を向ける人が増えてきたのだという。

「中心顧客層は30代から50代。スマホを複数持つ方が増え、２台目は中古という考え方が広がりました」と、粟津は語る。

一方、コロナ禍によるリモートワークの浸透も追い風となっている。法人による中古のスマホやタブレットのニーズが増加し、学校のオンライン授業拡大による引き合いも増えたのだ。最大13店舗まで拡大したリアル店舗こそ、コロナ禍を機に閉店したが、楽天市場やＹＡＨＯＯ！などで運営する「みんなのすまほ」を中心に、販売台数は年間40万台にも伸長している。

経営者としての粟津の魅力は、事業や収益だけにとどまらない、ある種のロマンチシズム性を持つことだ。例えば、女子カーリングチーム「フォルティウス」のトップスポンサーとなっており、選手を社員として雇用している。「オリンピックで金メダルを獲る選手を社内から出す」という夢とともに、事業を通じてスポーツの世界を活性化させていく理想をも描く。

そして、「子どものころから宇宙飛行士になりたかった」という人生の原点の部分。「『モノを大切に長く使う、リサイクルすること』は、資源に限りがある宇宙の生活における重要なキーワードだと、ある時に気づきました。無意識のうちに、事業に宇宙を重ね合わせていたのかもしれません。とはいえ、まずは足元からしっかりと。一次市場・二次市場という枠を超えた、新市場を創造するという大きな目標に挑んでいきたいと考えています」

株式会社
ニューズドテック

〒101-0051
東京都千代田区神田神保町
1-1-17　東京堂神保町第3
ビルディング 6F
☎03-3526-2755
https://newsedtech.co.jp/

創　立●2009年1月

資本金●3200万円
（資本準備金含む）

従業員数●75名
（パート・アルバイト含む）

売上高●22億4600万円
（2022年4月期）

事業内容●中古携帯の買取・販売。デバイスライフサポート事業（スマホの健康診断アプリ「スマホカルテ」など）

レガーロ

看板業界の安全安心な仕組みづくりを起点に飲食・小売チェーンの〝お困りごと〟を幅広く支援

代表取締役 髙倉 博

多店舗展開を手がけるナショナルチェーンに特化して、看板の企画・製作を手がけるレガーロ。経験と勘に基づく職人仕事が中心だった業界に大きな革新をもたらし、高精度な製作技術と定量的な〝検査の仕組みづくり〟を実現した。その中心にあるのが〝利他〟の精神だ。業界の枠を超えて共存共栄を図る企業文化が、確たる成長の後押しとなっている。

2015年、札幌の飲食店で看板の落下事故が起こり、若い女性が重症を負った。点検が十分にされていなかったことが原因であったため、人的災害ともいえる事故だった。

「そのニュースを見た時、看板業界に携わる人間として大きなショックを受けました」。そう振り返るのは、レガーロの創業社長である髙倉博。「現場では誰もがきちんと仕事をしています。それでも管理が不完全だと、こんな事故が起こってしまう。この時に、天命にも似た思いがふっと私の頭のなかに浮かび、『看板で悲しむ人をゼロにする』をミッションにしようと考えたのです」

そもそも看板には、建築基準法のような公的な安全基準がないという。職人たちの経験や感覚値で製作や点検が行われ、老朽化等による危険性が見過ごされがちだった。

そこで高倉が考えたのが、〝定量的な〟検査の仕組みづくりだ。大学の研究室と提携して評価基準を策定し、鉄道会社の協力を得て、運用マニュアルを構築した。そして２０１７年に、看板本体や構造部分の劣化状況を点検し、カルテで報告するサービス「看板ドック」を開始した。

並行して「看板リペア」のサービスにも着手した。看板ドックのカルテで劣化具合が可視化されているため、必要な部分のみ補修工事ができる。新設と比べるとおよそ４分の１の費用で抑えられるという。

「まずは取引先のいくつかの企業に実験的に参加いただくところから始め、現在３００店舗ほどで採用されています。

わが社はこれで勝負!

不良率 0.2%

レガーロが手がけた看板制作の実績の一部

職人の勘をたよりに業務が行われていた看板業界。匠の世界ゆえに安全基準が不確かで不良品も多く、その率は通常3～5%に及ぶ。同社では新規看板製作から点検・補修までをすべてデータ管理し、数値化した安全基準のもとで行っているため、不良率は0.2%程度。店舗開発担当者の負担を大幅に低減している。

特に今回のコロナ禍の影響で、経費を抑制する傾向が顕著になり『少しでも長く安心して使いたい』と、一気に問い合わせが増えてきています」

市場の将来性と社会的価値に着目し、LED事業に業態を転換

創業は1998年、当初はアパレル事業でスタートした。有名アーティストのTシャツを一手に引き受けるなど事業は順調に進んでいたが、将来を見据えて新たな可能性を追い求め、その過程で出会ったのがLEDだった。

「寿命が長くて消費電力が少ない。この市場は将来きっと大きくなるはずだと、看板用LEDの光源販売に事業を転換したのです」。当時はまだLEDの黎明期で、発色にムラが出るなどの課題があったが、高倉はきめ細やかなアレンジを行い、企業が求める価格と品質を追求。外食チェーンなどに次々と導入を決めていった。

さらに「この業界で一番を目指そう」と、国内最大のチェーンストアへ事業提案を行ったところ、全く無名の中小企業にもかかわらず、40社以上の競合が参加するコンペでみごと勝ち抜いた。これを機に、同社の存在は一躍全国に知れ渡った。

ただ一方で、あまりの順調な立ち上がりに慢心も生まれたようだ。上場を視野に入れM&Aを手がけると、これが不協和音の元になった。さらに大手取引先の業績悪化で売上げの8割が一気

PROFILE

髙倉 博
たかくら ひろし

1970年、東京都出身。20歳の時に父親が手がけるアパレル会社に入社し、7年後の1998年に独立、レガーロを創業。アパレル事業を皮切りに、2004年に看板用LED事業に参入。


になくなり、1億円もの負債を抱えた。

「結局すべてが自分本位になってしまっていたのです。〝LEDの健全な普及〟を使命に置いていたはずが、いつの間にか自社の成長ばかりを追っていた。ここでもう一度初心に立ち返り、〝利他〟の精神で会社を立て直そうと考えました」

さらにマンパワー頼みの経営スタイルからも脱却するべく、営業方針も変えた。「多店舗展開を手がけるナショナルチェーン」に特化し、そのための体制を整えたのだ。現在、名だたる有名企業が取引先として並び、累計での看板納品実績は6000件にも上るという。

頼れる相談相手としての評判が看板の仕事につながる

髙倉の経営観を語る上で、切り離せないのは「自社の一人勝ち」を〝良し〟としないことだ。同社はファブレスメーカーの形態をとっており、社内は営業と企画が中心。製作・施工は全国20社の提携会社に外注している。

（左）「看板ドック」の点検作業の様子。（右）これまでの看板制作実績は累計でおよそ6000件にもなる

国内の看板会社は、地域密着の中小企業がほとんどで、大手全国チェーンの仕事は受注しにくい。一方で大手チェーンは、全国をカバーできる会社に製作を頼めるとありがたい。そこで同社が、双方の足りない部分を補う役割を担ったのだ。

さらに、各提携会社が大手チェーンの業務を受けるための技術提供なども行い、より高い精度の仕事を受注できるような体制づくりを行った。

「看板ドック」に関しても、その営業ノウハウを共有することで、提携会社が独自に営業できるようになり、点検・測定は提携会社が担当し、同社が解析部分を請け負うという、新たなWin-Winの関係が生まれている。

髙倉は、この〝利他〟の考え方を看板業界以外にも持ち込んだ。そのきっかけは、多店舗展開企業と、店舗に向けたサービスを手がける企業との情報交換を行う「多士済々倶楽部」との出合い。このなかで、新たに「縁活倶楽部」の立ち上げに関わり、初代会長に就いたのだ。

「コンセプトは『競争から協力へ』。建築・電気・給排水・空調から衛生・メンテナンス・解体などまで、幅広い業態の方が集まっています。業界の枠を超えて、あるいは同業間であっても、お互い足りないものを補い合い、多店舗展開を手がける企業のあらゆる〝お困りごと〟に対応できる環境を整えてきました」と、高倉は縁活倶楽部の目指す方向性を説明する。

「私自身は常に店舗を運営する側の課題をお聞きし、その解決ができそうな企業を探しています。正直、自社の営業より他の会社の紹介をしていることのほうが多い(笑)。それでもコツコツ続けていくと、『看板の仕事があるよ』と声をかけていただける。かなり遠回りかもしれませんが、その信頼が強い会社の布石になると思っています。〝利他〟の心を大切に、継続的な成長を可能にする仕組みづくりを強化し、あらためて上場に挑戦したいと考えています」

株式会社レガーロ

〒157-0071
東京都世田谷区千歳台3-3-16 HN千歳台ビル2F
☎03-5490-8188
https://regalo-eco.com/

設　立●1998年3月

資本金●1100万円

従業員数●19名

売上高●3億円
(2022年9月期)

事業内容●看板の企画設計・申請・製作・施工・点検・補修延命

イーステック

代表取締役社長
清水徳行

ユニークなネーミングと現場を熟知する開発力を強みに建設現場の安全を支える〝ニッチトップ〟製品を多数輩出

どんちょ、ぱんちょ、ウォッチマン……。これらの商品名を聞いて、どんな用途に使われるものか想像するのは難しいかもしれない。しかし、日本中の「高層ビルの建設現場」ではおなじみのものだ。いずれも建設現場の安全な作業を支えるためにイーステックが開発した製品で、大手ゼネコンがこぞって採用している。ニッチながら圧倒的なシェアを誇っているのだ。

まず、「どんちょ」とは何か。これはビルの建設現場で、資材や作業員を運ぶために設置される仮設エレベーターの乗降口と、建物の開口部を遮断する安全扉の機能を果たす製品だ。初期のころ、こうした開口部はロープや単管パイプなどで遮断していたが、安全に対する意識向上とともに、徐々により安全なものに変わっていった。さらに近年、イーステックは扉を自動制御できるソフトウェアを組み込んで、エレベーターの動きと連動して開閉を自動化する製品を開発した。

「歌舞伎を見にいくと、立派な緞帳が舞台の上部からするすると降りてきますよね。名前はそこからつけました。ネーミングにインパクトがあったほうが覚えてもらえますから」。創業社長の清水徳行は、楽しそうにそう話す。

その後、どんちょをベースに、横開きの自動扉も開発。こちらはパネル式なので「ぱんちょ」である。

一方「ウォッチマン」は、タワークレーンが動く範囲をコントロールして、安全に動かすシステムだ。

高層ビルの建設現場のてっぺんで、赤と白に塗り分けられた長いアームが鉄骨を吊り上げている姿を見たことがあるだろう。大きな現場になると、こうしたクレーンを何台も使うので、可動範囲を細かく制御して、クレーン同士の衝突やエリア外へのはみ出しを防ぐ必要があるのだ。

ウォッチマンの優れた点は、コンパクトな制御盤をクレーンの操縦室につなぐだけで、他のクレーンと「対話」しながら位置情報をやりとりできること。メーカーや機種が

わが社はこれで勝負!

約**2000**台

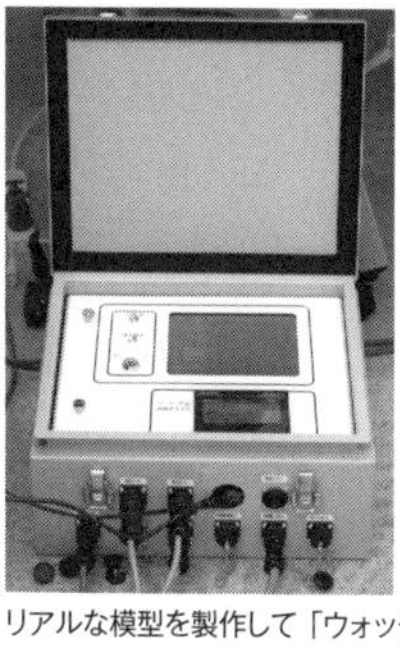

リアルな模型を製作して「ウォッチマン」の制御イメージを伝える

イーステックの看板商品「ウォッチマン」の累計販売台数は約2000台。それ以外にもレンタル用としてこれまで4000台ほどの「ウォッチマン」を製造しており、現在も約350台が稼働中だ。大手から中小地場まで非常に多くの建設会社に重宝されており、こまめなアップグレードで多様なニーズに応えてきた。

違っても最大6台までつなげるのが特徴で、ビル建設現場の必需品ともいえる存在だ。

ポイントはソフトウェアだ。これまでの安全装置は、危険を感知するとクレーンを強制的に止める機械制御タイプが主流で、作業がたびたび中断することも珍しくなかった。その点、スムーズな制御で安全性と作業効率を高められる「ウォッチマン」の仕組みは画期的だ。1986年の開発直後に大手ゼネコンに採用されて、数年で一気に全国に普及している。

このほか、エレベーターやリフトのスムーズな荷揚げをサポートする「ビットコール」や「来た郎」、風向きや風速を計測する「かぜみどり」、入退場システム「プロゲート」など、ビル建設現場のあちこちで、ユニークな名前の同社製品が活躍中だ。

現場から発想し、課題解決につながるサービスをきめ細かく提供する

これらの製品に共通しているのは、クレーンやエレベーターのような大きな機械をきめ細かくコントロールする仕組みに重心があることだ。ハードとしては小さな制御盤にすぎないが、内蔵されたソフトウェアの独自性が、ニッチながら高いシェアにつながっている。
工事現場で「本当に役に立つ」システムをつくり出すのは、一朝一夕にできることではない。「建設現場の状況は、工事が進捗するにつれて日々刻々と変化するので日常的に発生するズレや想定外を許容し、変化に対応できるよう設計することが重要です」

PROFILE

清水 徳行
しみず のりゆき

1949年、大阪府出身。前身となる東菱機械産業を1983年に設立、代表取締役就任。1986年に、エルテックを設立。1994年に両社を合併させ、イーステックに社名変更。

そのため、清水は何よりも「現場」を大切にする。それは、クレーンやエレベーターなどの建機メーカーに就職し、営業として現場に足繁く通い、自社の機械の操作をレクチャーして回っていたころから変わらない。そして、1983年に同社の前身・東菱機械産業を設立。以来、建設現場をトータルにサポートすることがライフワークになっていく。

当時の現場は、まだ人力が中心で、安全対策の不備や非効率も多かった。これからは、オン・オフだけで動く単純な機械ではなく、もっと繊細な電子制御の導入が必要だ。そう考えた清水は、会社を経営しながら、夜間学校で電気工学をゼロから学び、ソフトウェア開発企業エルテックも設立。ここで開発したシステムが、後の主力商品「ウォッチマン」につながっていく。

途中、大病を患ったことで創業メンバーの大内一夫に無理をいって社長就任を依頼し、病床からサポートしながら二人三脚で経営にあたった。その後18年間、大内は同社の経営基盤を固め、健康の回復とともに再び清水が経営の第一線に復帰する。

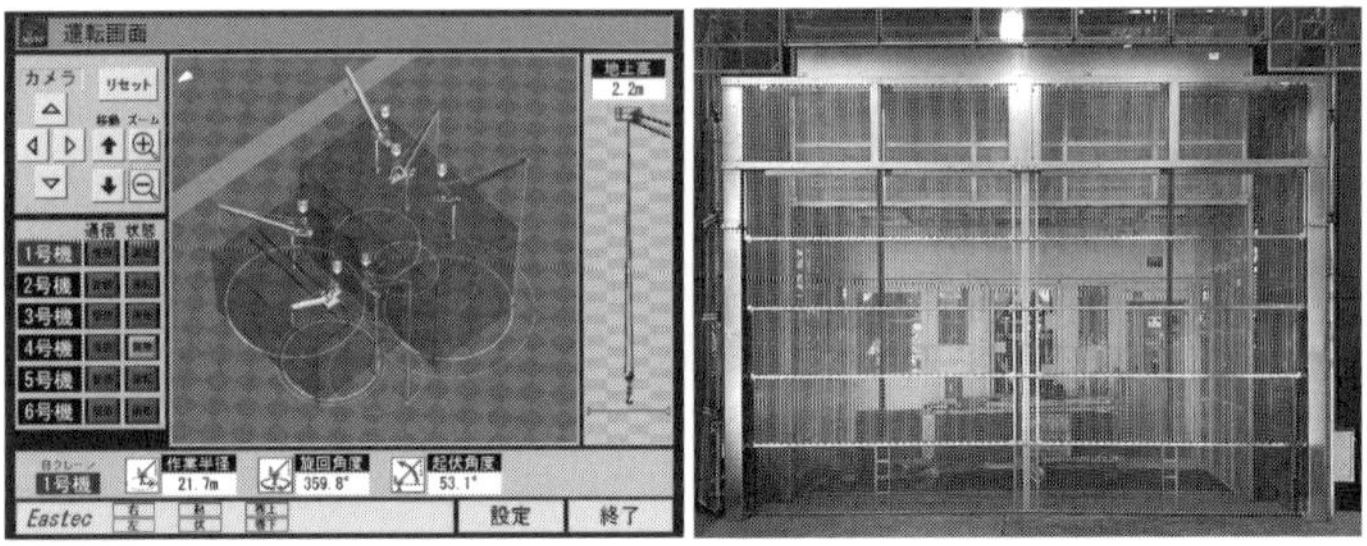

（左）「ウォッチマン」の操作パネル。（右）工事用エレベーターの安全対策で用いられる、電動式ステージガード「パネル式どんちょ」

探究心とサービス精神で、より使いやすいサービスへ

清水には、「子どもでも、おばあちゃんでも使えるほどのカンタン操作を実現しなくてはいけない」というモットーがある。

「機能がどれだけ素晴らしくても、使いにくければ意味がありません。そのため、誰にでも使えるインターフェースはどうあるべきかを考えるヒントを、日々追い求めています。海外旅行に行けば、各国のビルやエレベーターの写真を片っ端から撮りますし、日常生活でも、標識、ＡＴＭ、駅の券売機など、さまざまなものを観察して、なぜ使いやすいのか、どこに問題があるのかを常に考えています」

そんな清水の知的好奇心はやむことはなく、現在は芸術大学でアートを学んでいるというのだから驚かされる。

こうした探究心を糧に、新規事業開発にも意欲を燃やす。

「これまでの事業は、ビルの〝建設中〟の課題解決だけに集中していましたが、これからは〝建設前〟や〝建設後〟にも広げ

ていきたいと思っています」

現在、売上げを伸ばしつつある「免震サポート」事業もその一つ。ビルやマンションの免震装置の点検や維持管理サービスを一元的に提供するもので、実績は着実に増加中だ。「建築前」についても、用地取得段階の問題解決につながる事業を構想中だという。

また、「現場の安全」に次ぐ大きなテーマとして「現場の働き方改革」「省人化と無人化」にも力を入れたいと、未来に向けた構想はふくらむばかりだ。

「技術進化のスピードは、どんどん加速しています。10年、20年先には、想像もつかないような変化が起きて、世の中は大きく変わっているでしょう。想像するだけでワクワクしますし、自分自身も、それにつながる開発の種を常に追い求めていきたいですね」

株式会社イーステック

〒567-0865
大阪府茨木市横江2-2-1
☎072-634-7010
https://www.eastec.co.jp

設　立●1983年9月
資本金●4210万円
従業員数●58名
売上高●12億8000万円（2022年8月期）
事業内容●建設用クレーン、エレベーターの制御機器の開発、製造販売、レンタル。ビルなどの免振装置の点検業務

データミックス

代表取締役 堅田洋資

データサイエンティストの育成と啓蒙を通じて経営の課題解決と深化を導く〝知識創造企業〟へ

企業経営におけるDX推進の関心の高まりとともに、あらためて注目を集めているのがデータサイエンティストの存在だ。データミックスはこの分野の人材教育の第一人者として、年間約2000名が受講するスクールを運営する。重視しているのは数字に向き合うからこそ得られるより深い洞察力。意思決定のレベルを上げ、社内に〝ビジネスインパクト〟を生み出すことだ。

データサイエンスを学ぶことで得られる力とは何か。その問いにデータミックス社長の堅田洋資は、大きく二つのポイントを挙げる。

「一つは、身の周りで起こる事象を総合的に判断する力。データやグラフに表れる数値を見たままに捉えるのではなく、その奥の傾向や要因、課題などを客観的に導き出せるようになること。もう一つが、創発能力。データを読み解くなかで、ここにチャンスがあるのではないか、新しい

(注1) 経済産業省「第四次産業革命スキル習得講座」、厚生労働省指定「専門実践教育訓練給付金」の対象講座に認定

ビジネスの種になるのではないかと、アイデアを生み出しやすい思考が生まれることです」

「ビジネス専門知識×データサイエンス」を起点に

子どものころから数学が好きだったという堅田は、大学では統計学を学んだ。数学が実社会で具体的に役に立つところや、社会現象を定量表現できることがとても面白く感じたのだという。

卒業後は一度就職したものの、データサイエンスをより本格的に学ぶために、31歳の時にサンフランシスコ大学に留学。日本人としてはまだ珍しかった、データ分析学修士号を獲得する。なかでも世界トップクラスのデータサイエンティストだった、起業家ジェレミー・ハワードのわかりやすく実践的な講義は非常に印象的で、その後の堅田の考え方に大きな影響を与えた。

そして帰国後、「データサイエンティストという仕事の

わが社はこれで勝負!

年間2200人

データサイエンス講座の受講風景

自社のスクール運営と法人向けプログラムの提供を両輪とし、年間約2200名がデータミックスの講座を受けている。中心となる「データサイエンティスト育成講座」は、データサイエンティストの基礎力を約半年で習得するもの。最大70%が還付される教育給付金対象講座（注1）にもなっている。

魅力を、もっと多くの人に知ってほしい』『そのためにも自分がアメリカで学んだような本格的な講座を日本にもつくろう」と決意。2017年2月に同社を設立する。

ポイントは、「企業でプロジェクトを推進するのは、文系出身者が多いこと」への着眼だ。プログラミング経験がない人でも取り組みやすいように、ケーススタディを入り口にして、ビジネス経験とデータサイエンスを掛け合わせた、より実践的なカリキュラムをつくりあげた。

データサイエンスの基本となる数学、プログラミング、統計学から、自然言語処理やディープラーニングなどの実践スキルまで幅広く網羅しつつも、ビジネス（経営コンサルティング能力）、AI（エンジニアスキル）、数理（統計、機械学習）それぞれをバランスよく構成。「社内にビジネスインパクトをもたらすような」経営視点を持った人材育成に主眼を置いた。

「データサイエンスに対しては、やはりIT企業やBtoC系企業からの関心が強いですが、最近では、大手製造業のサプライチェーンの見直しなどでの活用例が増えているように、非インターネット企業の方にももっと興味を持ってほしいと私たちは考えています」

実際にデータサイエンスの有用範囲は、非常に幅広い。例えば営業なら、テレアポの効率化や営業人員の最適配置。マーケティングであれば、広告予算の最適化。人事であれば、採用プロセスの高度化、退職しそうな従業員の予測など、いくつもの活用例が挙がる。

業界を切り口にしても、広告会社であればCTR／CVRの最大化、物流会社なら倉庫内業務

PROFILE

堅田 洋資
かただ ようすけ

1982年、神奈川県出身。一橋大学商学部卒。外資系大手企業勤務を経て、サンフランシスコ大学データ分析学修士コースへ留学。大手監査法人、AI開発会社でデータ分析の知見を積み、2017年2月データミックス設立、代表取締役就任。

の効率化、金融機関なら自動融資の仕組みなど。あるいは酒蔵に導入すれば、より美味しいお酒の開発につながるかもしれない。もはやどの業界、どの職種においても、データサイエンスを必要としない仕事はないといえるだろう。

「ビッグデータという言葉に注目が集まったころは、社内に蓄積された膨大なデータをどう生かすかが主眼でした。しかしAIやIoTなどの実装が進み、物理空間のデジタル化も可能になったことで、『どんなデータをどう集めていくか』を起点とする、より経営の上流のテーマになっています。だからこそその前提となる課題設定の力の重要性が問われることになるのです」

データサイエンスの〝ポータル機能〟を担う存在に

「アメリカでは、データサイエンティストという名称が細分化され始めています。例えるなら〝医者〟としてひと括りにするのではなく、消化器科・循環器科・呼吸器科などのように、専門分野ごとのスペシャリストが育っているイメージです。この

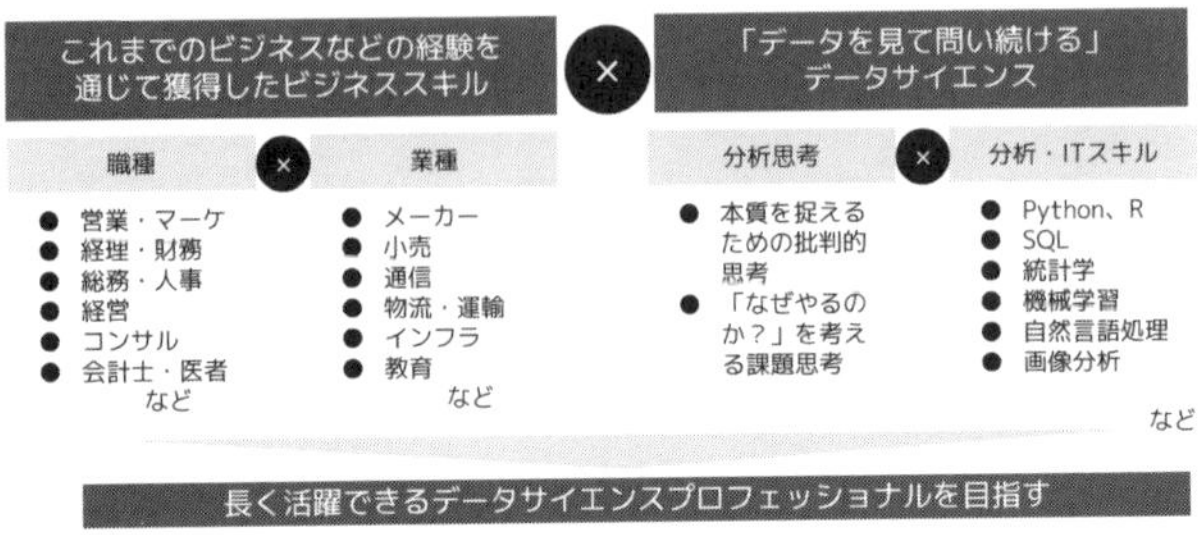

データミックスが考える「専門領域×データサイエンス」の多様な可能性

動きは日本でも加速していくと考えています」

そこで現在、同社が注力しているのが「データサイエンス×業界／事業」の領域を増やしていくことだ。

直近の代表例としては、気象領域がある。日本で初めて気象庁の認定を受けた教育プログラム「気象データアナリスト育成講座」を立ち上げたのだ。

HR領域にも注目しているという。人事・労務系のSaaSビジネスは非常に活況で、働き方改革は時代の要請でもある。タレントマネジメントとも親和性は高そうだ。今後はSaaS事業者との連携も、重要な選択肢の一つになってくるだろう。

そして、さまざまな企業や団体と連携しデータサイエンスの〝ポータル機能〟を担っていくことで、同社の事業の伸びしろはまだまだ非常に大きいと考えられる。

ここで一つキーワードになるのが、スクールを〝触媒〟とする人的ネットワークの価値だ。実は気象庁との連携も端緒は受講生からの相談だった。卒業したデータサイエンティストがそれぞれの現場に出ていき、各分野にスペシャリスト集団が育成されることで、新たな相乗効果の可能性がたくさん生まれていく。堅田は、そんな未来を夢見ている。

「効率化や自動化といった課題解決はもちろん、もう一つデータサイエンスの導入の大きなテーマになるべきなのが〝新事業創造〟ではないでしょうか」。その言葉どおり同社においても、自社の資格試験の仕組みをクラウドとしてサービス化したＥｄＴｅｃｈプロダクト事業を立ち上げ、注目を集めている。「自社の強みや独自性を客観的に分析し掘り下げていくことでビジネスの種になるものはたくさんあるはずです。私たちは、経営の課題解決と深化を導く〝知識創造企業〟として、さらに自らも〝事業創造集団〟としての底上げを図り、社会に新たな価値を創出し続ける装置であり触媒としての機能を高めていきたいと考えています」

株式会社
データミックス

〒101-0051
東京都千代田区神田神保町
2-44 第2石坂ビル2階
☎03-6272-3970
https://datamix.co.jp/

設　立●2017年2月

資本金●3億2460万円

従業員数●41名

事業内容●ビッグデータ、人工知能、機械学習をはじめとするデータサイエンスにかかわる教育や研修事業。オンライン試験プラットフォームの開発・運営

GF

野菜加工の実績を生かして「素材化」技術を追求
環境共生型ビジネス「VEH」で野菜をN次資源に

代表取締役 王 志敏

さまざまな野菜を調理方法に合わせてカットして、必要量だけ納入する。野菜加工は外食産業を支える重要なプロセスだが、悩みは大量の不使用部分が出ることだ。キャベツの鬼葉、ニンジンの皮、ブロッコリーの芯など、栄養豊富だが商品にならない部分は産業廃棄物として処理せざるを得ない。これを「新たな資源」と捉えて、活用の道を開拓している野菜加工会社がある。

見たところなんの変哲もない紙皿や紙コップ。ただし、これらの主原料は紙ではなく野菜だ。「野菜とデンプンを主につくっているので、食べても問題はありません。美味しいわけではありませんが」と笑うのは、業務用の野菜加工を手がけるGF社長の王志敏。

野菜加工のプロが廃棄される野菜くずからつくった、環境にやさしい使い捨て容器だ。「VAM」というブランド名は「Vegetable Alternative Model（野菜代替モデル）」の意を込めている。

（注1）VEH（ベッチ）：V＝野菜果物の素材化（カットからμM級粒子化加工）、E＝環境事業、H＝健康事業

「スーパーで食べ物を買う時も、飲食店でテイクアウトする時も、私たちは発泡スチロールやプラスチックの容器を1日に何枚も使います。その一部でもVAMに置き換えることができれば、プラスチックごみを減らせます」

可燃ゴミとして処分できるのはもちろん、生分解性が高いので環境に放置しても悪影響が出ない。コストは発泡スチロール容器と同レベルで、紙コップと比べれば、格段に安いという。VAM専用の製造プラントは、すでに2022年10月に兵庫県神河町で稼働しており、チルド食品の包装容器への採用が決まっている。工場が立地する神河町内のキャンプ場でも、アウトドア用コップや皿の販売がスタートした。

ただし、同社の目的は「生分解性容器」の製造・販売それ自体にはない。産業廃棄物として処分するしかない野菜を、資源として循環させ、SDGs時代にふさわしい、環境共生型の新たな仕組み「VEH」（注1）を構築するのが目標だ。

わが社はこれで勝負!

8000回転

VAM専用の製造プラントを持つ神河工場

野菜をマイクロミリ単位まで砕く、カット用機械の回転刃の1分間当たりの回転数。既存の機械を、さらに同社の要請に合わせて独自に改良したもので、これが同社の新事業の開発基盤になる。機械が高額なため、確たる販路を持たない企業には導入しにくく、新たな競争優位性を生み出している。

商品化できない野菜の〝廃棄部分〟が持つ可能性に着眼

同社の本業は、外食産業で使われる野菜のカット加工だ。大阪市内の3つの工場で多種多様な野菜を加工・出荷しており、例えば西日本エリアの大手牛丼チェーンの牛丼のネギ、大手お好み焼きチェーンのお好み焼きのキャベツの多くは同社で加工されたものだ。

悩みの種は、事業が順調になればなるほど、商品化できない廃棄部分が増えること。これまでも、発酵させて豚の飼料にしたり、野菜ケーキにするなどの方法を試したが、いずれも需要が限られるし、ビジネスとしての広がりにも欠ける。

「現在も、生産ロスは1日数トン単位で発生し続けています。そのままでは商品になりませんが、栄養も、美味しさも、出荷している商品と遜色がありません。それを捨てているだけでももったいないのに、産業廃棄物の処理費として毎年1500万円ものコストがかかるのです」

そこで見出した活路が、野菜をN次利用しやすい形状に加工することだ。同社では、それを「素材化」と呼ぶ。

「外食用に納品するカット野菜はおおむね数センチ、細かくてもミリ単位です。これをマイクロミリ単位まで砕くと、国産野菜100パーセントで、さまざまな商品に応用可能な〝素材〟ができます。VAMのように容器にも成形できるし、もちろん食品素材としても活用できます」

PROFILE

王 志敏
おう しとし

1963年、中国河北省張家口市出身。黒龍江省ハルビン市に育ち、ハルビン工業大学卒。中国国営企業のエンジニアを経て、日本に留学。和歌山大学大学院修士修了後は、日本で企業勤務を経て独立。2006年にGFを設立、代表取締役就任。

２０１９年には「素材化機械」を、機械メーカーと共同開発。野菜のカット用機械の回転刃のスピードを毎分８０００回転まで高速化したのだ。その前後に原料の選別や投入も自動化設備を組み込んで、大量処理可能なラインをつくり上げた。

素材化で、栄養面のメリットも高まる。野菜の細胞壁が壊れ、ニンジンのβカロチン、トマトのリコピンのような栄養成分「ファイトケミカル」を人間が吸収しやすくなるのだ。さらに形状のアレンジも自由自在、将来に３Ｄプリンターで介護食などの開発も視野に入れる。また高度な冷凍技術を用いて、長期保存も可能だ。流動食・離乳食などの材料に用いたり、他の栄養素と組み合わせることで、千差万別な低コスト高栄養価の高付加価値な食材として、活用の場は一気に広がると考えている。

これからのいちばんの課題は「出口づくり」だ。「ＶＡＭ」と並ぶ自社ブランドとして、野菜素材をブロック状に固めた「ベジバー」を構想中。機能性ファイトケミカルを含む栄養補給食品として、現在、研究機関と連携して商品開発を進めている。

（左）環境にやさしい使い捨て容器「VAM」の商品群。（右）カット野菜の加工を担う平野工場（大阪市平野区）の作業風景

アップサイクルモデルを製造フランチャイズで展開

「素材化」事業への挑戦は、同社にとって2度目の大きな転機になる。会社のルーツは、１９９９年に王が始めた中国からの食品輸入業。キムチブームにも乗り、一気に売上げを伸ばした。法人化した２００６年以降は、外食チェーン向けの輸入野菜のカット加工で、さらに業績を拡大させてきた。

しかし２００８年、中国製の冷凍餃子から殺虫剤成分が検出された「毒入り餃子事件」が発生して世間を騒がせたあおりで、中国産食材の忌避ムードが一気に高まり、事件とは無関係な同社も、得意先をほぼ失ってしまう。

これまでの蓄積がゼロになるほどのピンチだったが、王の方向転換は早かった。すぐさま国産野菜の産直ルートを開拓し、わずか2年で「国産野菜を中心とする加工業」へ完全シフトしたのだ。それから14年、次のステージは社会貢献型ビジネスへの大転換を図ることだ。

「農産物の規格外品は、生産量の40パーセントを占めるともいわれています。質のよい国産野菜という資源が、現状ではかなり廃棄されているのです。生産者が思いを込めて育てた野菜をしっかり使うことは、環境にも健康にもいい。これらを有効に再利用できるビジネスモデルを確立したいと思っています」

その第一歩として、今構想しているのは、「VAM®の製造フランチャイズ展開」だ。廃棄野菜の処理に悩むのは、農家や青果加工メーカーだけではない。青果流通業はもちろん、製薬や化粧品業界など、野菜・果物・薬草・植物を原料とする多くの産業から出る不使用部分を資源に変え、やがて化けたVAM®容器で自社商品の包みに活用する。そんな〝自産自消〟のアップサイクルモデルには、大きな可能性があるのではないだろうか。

GF株式会社

〒546-0001
大阪市東住吉区今林2-6-21
☎06-6757-8830
http://www.gf-holding.co.jp/

設　立●2006年6月
（創業1999年）

資本金●1000万円

従業員数●20名

売上高●9億8000万円
（2022年5月期）

事業内容●生鮮野菜の卸売、輸入。生鮮野菜加工、VAM事業

マッチングワールド

余剰だった在庫を適正な価値を持つ〝必要在庫〟に「M-マッチングシステム」を武器に市場を拡大

代表取締役　町田 博

今、国内の製造業、卸売業、小売業が保有する製品、商品在庫は約75兆円といわれ、そのうちの過剰在庫の3割（22兆円）が廃棄されているとの推計がある。その余剰在庫を、ブランドを損なうことなく〝必要在庫〟に変えた新たな商流が、「M-マッチングシステム」だ。ありそうでなかったこのシステムの開発のきっかけは、町田博社長自身の失敗体験にあった。

「M-マッチングシステム」とは、ゲーム業界を中心とする店舗や流通業者、メーカーが抱える余剰在庫を、インターネットを使い、完全匿名でお互いに好きな価格で売買し合える会員制の流通システムのことをいう。

マッチングワールドは、2001年の設立以来、ゲーム業界の在庫の流動に特化して成長を続けてきた。現在、国内外の売り手・買い手を合わせて約6000社が「M-マッチングシステム」

に登録し、海外バイヤーは８００社を超えている。日本橋本社の倉庫で取り扱う会員企業の常時掲載在庫は40万点以上、売買成立後に世界中に配送されている。

町田の哲学は、「基本的に在庫に無駄なものはない」というものだ。「在庫は、ずっと売れずにいると不良在庫と呼ばれるようになりますが、商品自体が不良品になったわけではなく、むしろ品質的にはＡクラスのものが大半。商品に問題があるのではなく、その在庫を欲しいと思う相手を見つけられないだけだったりします」

例えば首都圏で余った余剰在庫でも、地方では足りていないという現象はよくある。「販売地域や買い手の範囲を広げていけば、欲しいという買い手はほぼ現れます」

設立当初は、紙ベースでファックスを利用していた。技術革新が進むなか、やがてインターネットを利用して行えるシステムの構築に着手し、総額約２億円を投じて現在のシステムをつくり上げた。

わが社はこれで勝負！

123万件

倉庫機能を兼ね備えたマッチングワールド本社外観

「M−マッチングシステム」内には、123万件を超える取り扱いの商品データベースが作成されている。そのうちの９割がゲーム・おもちゃ関連。商品は、自社サイトやYahoo!ショッピング、楽天、Amazonなどに出店され、BtoCも行っている。データ化された顧客リストは64万件を超えている。

仕組みは、いたってシンプルだ。余剰在庫を抱えた事業者は「M‐マッチングシステム」に会員登録し、売りたい在庫に価格をつけて出品する。買い手が現れたら、商品をマッチングワールドに納品。検品や発送は同社が代行して手間もかからない。

失敗体験から生み出された「M‐マッチングシステム」

「30年前、私は大阪で年商2000億円のゲーム問屋を営んでいました。ゲーム業界の市場がまだ2000億円ほどだったころの話で、市場の10パーセントの商品が当社を経由して消費者に届けられていました。しかし、ある年の年末に46億円もの不良在庫を抱えてしまい、商品の返品もできず、資金繰りにも詰まり、会社は倒産してしまったのです」。この時の経験から、町田は新たな在庫マッチングの仕組みの必要性を痛感。無一文からの再起をはかった。

「M‐マッチングシステム」が稼働し始めると、思った通り需要は多く、売上げは右肩上がりになった。商圏の広さが同社の強みで、特に海外市場は売上げの半分以上を占めた。日本製のゲームやおもちゃは、想定以上に海外で人気が高かったのだ。

普及の背景には、法人だけでなく個人にも開放し副業のための環境を提供したこともある。「副業や兼業事業者、フリーランスが活躍できる環境を整えて、モチベーションの高い人材が数多く集まれば、自ら販路を拡大し、商品を一生懸命売ってくれる頼もしい戦力になると考えました」

PROFILE

町田 博

まちだ ひろし

1949年、鹿児島県出身。ゲーム問屋を創業し、年商200億円規模まで育てるが、大量の不良在庫を抱えて倒産。再度2001年にマッチングワールドを設立し、代表取締役に就任する。

そういった参加者を支援するために、「マッチング・ペイ」という決済サービスを用意した。これは、オリエントコーポレーションと協業した取り組みで、売買のつなぎ資金として役立ててもらえるように、50万円~500万円の仕入れ枠を提供するものだ。さらに、副業や兼業の成功に役立つさまざまなノウハウを伝授する卸情報サイト「商品の番人」も開設した。

同社では、商品管理から発送までを一貫して請け負い、入荷時と出荷時の2回にわたって検品を実施、商材の保証を行っている。その結果「安心して取引ができる場」として、利用者からの信頼を積み上げてきた。

現在、副業登録者数は1500名を超え、毎月の売上げは1億円を超えているという。

新サービス「マッチング・エージェント」をリリース

2022年8月からは、新たなサービス「マッチング・エージェント」を開設した。

STEP.1
メーカー・卸問屋を紹介
STEP.2
当社が商品を仕入れ・販売
STEP.3
利益額に応じて手数料が発生
2002年8月にスタートした「マッチングエージェント」の商流のイメージ

これは、契約エージェントからメーカー・卸問屋を紹介された後、同社がそのメーカー・卸問屋から仕入れをして販売できた場合、発生した利益額に応じて5~20パーセントの手数料を毎月支払うサービスだ。

「これならば、副業希望者も自分の持っている人脈を利用するだけで、時間や労力の負担がほとんどなく利益を上げることができます。私たちにとっても仕入れ先が広がるため、Win-Winの関係になります」

現時点では、同社が取り扱うのはゲーム、玩具、カード類がほとんどを占めるが、多様なエージェントが参加することで、商材の幅が広がっていく期待も大きい。あえて対象を絞り込むことなく、どんな可能性を見せるか楽しみにしているという。

今、年間に廃棄される不良在庫は22兆円といわれるが、それ以外にも売り先がなく滞留している在庫はさらに多く存在する。同社の使命は、そうした在庫を健全に生かすことにある。いわば、社会的損失を削減するための挑戦なのだ。

会社の倒産から見事に復活した町田だが、それができたのは、「厳しい時こそ頑張ろう、ここから抜け出そう」という気持ちを強く持っていたからだという。

「失敗するごとに、よい人たちとの出会いがあり、要所要所で多大な支援をしていただいた。私は、純粋によい商売をしようと思っているだけ。その気持ちが通じて、皆さんに応援していただいた。もう一つは、現状に甘んじることなく、いい意味での欲を持っていること。欲があったほうが、物事を前向きに考え、動けるようになる。欲なき人生はよくないと思います」

同社ではこれまでオンラインが主戦場だったが、2021年に「まちキャラ　トレカ館（秋葉原）」「まちキャラ　ホビー館（末広町）」をオープン、メーカーと消費者をつなげるリアル店舗の展開も始めた。目指すのは「株式上場」、その夢は間違いなく町田の視野に入っている。

マッチングワールド株式会社

〒103-0002
東京都中央区日本橋馬喰町1-11-6
☎03-6803-5608
https://matching-world.com/

設　立●2001年6月
資本金●1億円
従業員数●57名
売上高●80億円（2022年8月期）
事業内容●「M-マッチングシステム」をプラットフォームとしたゲーム、家電、玩具、書籍の在庫流動化ビジネス

国際自動車

新卒採用の導入など絶えず業界の底上げと変革を先導 ホスピタリティを究め、選ばれ続けるタクシー会社へ

代表取締役会長 西川洋志

高級感溢れる黒塗りのタクシー、禁煙タクシー、グループで独立をバックアップするｋｍ提携個人タクシーなど、国際自動車による業界初の事例は枚挙にいとまがない。なかでもタクシー事業者の常識を激変させたのが、新卒採用の取り組みだ。〝公共交通機関〟としての役割を担う、その仕事の意義と魅力を社会に発信し、業界全体の底上げにつなげていくことが同社の使命だ。

ｋｍマークで知られる国際自動車の初めての新卒採用は２０１０年。ドライバーの平均年齢が60歳前後という当時のタクシー業界においては極めて異例のことで、同業他社からは嘲笑にも似た白い目で見られ、社内でも怪訝な反応をするものが大多数だったという。

実際に採用活動を始めても、学生の関心はあまりにも低く、親や大学からも相手にされない。「せっかく内定を出しても、『就職課の先生から辞退してこいと言われてきました』と、断られた

りするんです。やるせない思いで日々を過ごしてきました」と、採用活動の前線で奮闘してきた会長の西川洋志は、このころの苦労を振り返る。

成功体験やノウハウを惜しみなく他社にも共有

150もの大学のキャリアセンターを訪れ、「なぜ国際自動車は新卒採用にこだわるのか」を根気よく説明して回った。訴え続けたのは「タクシー業界の未来を変えていく」という熱い思い。「私自身、採用活動を進めるなかで、『そもそもタクシードライバーとは何か』をより深く考えるいい機会になりました」

なんとか初年度に1名の採用を決めると、次年度以降4名、10名と少しずつ進展。4年目に42名、翌年は一気に100名を超える新卒社員が入社した。

成功の要因の一つが、社内全体で新卒社員を歓迎したことだ。最初は当惑していた社員も、社内に若い世代が入る

わが社はこれで勝負!

13年1146名

2022年度入社式の様子。着実に社内の若返りが進む

新卒採用に着手後、2022年4月までの13年で1146名がドライバーとして入社。女性の入社も388名と、年々比重を高めている。重視するのは「何人までなら責任を持って育成できるか」、社内体制の範囲内で採用を進めることだ。新卒社員の増加により、中途採用も若手の応募が増える相乗が生まれている。

ことの意義を実感し、「もともと面倒見がいい社員が多かった」ことで自然と融和。その評判がキャリアセンターにも伝わり、進んで学生を紹介してくれるまでになったのだ。

並行して2013年に、ホスピタリティ精神を軸とした企業理念を再構築。2014年には、「kmグループホスピタリティカレッジ」を設立し、理念を体現する仕組みづくりを強化していった。さらに同年「女性が働きやすい会社をつくるプロジェクト」を立ち上げ、のちに「女性ドライバー応援企業」の第一号認定を受けている。また社員第一主義のもと、2017年に「km健康づくりマスタープラン」を策定。社員同士のつながりとメンタルケアには特に力を入れた。

そして「私たちだけではなく、業界全体で変わっていきたい」という思いを強く、この成功体験やノウハウを惜しみなく他社にも共有してきたことが、同社らしい責任感の強さといえよう。今やタクシー業界の新卒採用はごく当たり前のこととなり、大学生の進路においても「タクシードライバーになる」ことが、選択肢の一つとして確立されることになったのだ。

DX推進の本質はホスピタリティ。人と人の触れ合いの意義を見つめ直す

日本におけるタクシーの歴史は1912年まで遡る。同社はその8年後、東京・内幸町にて現在と同じ「国際自動車」の名称で誕生した。創業100年を超える屈指の老舗企業だ。

タクシー業界ならではの特徴として、認可事業であることや、M&Aによる再編が常態化して

PROFILE

西川 洋志
にしかわ ひろし

1949年、東京都出身。國學院大學経済学部卒。1972年4月国際自動車に入社。経理部長、取締役不動産部長などを経て、2011年常務取締役、2014年専務取締役、2016年4月代表取締役社長。2022年10月代表取締役会長に就任。

いることなどが挙げられる。規制緩和によるタクシー会社や車両の増大、その行き過ぎによる供給抑制策が繰り返され、政策によって経営環境が大きく変わる。そのため中小タクシー会社の淘汰が多く、必然的にM&Aが増えた。同社もこれまでに、25社以上をグループに迎え入れてきたという。

「M&Aによるグループ全体のサービス品質をどう標準化し高めていくか、これは永遠の課題といえます。一方で、〝外の血〟を積極的に経営中枢に取り入れてきたことが、企業を強くする原動力になった。新卒採用による効果が高かったのも、そういった企業風土があったからかもしれません」

近年の大きな経営テーマは、やはりDXだ。タクシー業界においては、配車アプリがその核になる。「タクシー事業においては、無線・LPガス・メーターの三つが、歴史の大きな転換点といわれてきましたが、配車アプリはそれ以上のインパクトがあるかもしれません」

同社はソニーや大和自動車などと連携し、「S.RIDE（エスラ

国際自動車単体での営業車両数は、タクシー2173台、ハイヤー472台、バス44台を保有。右上は、1台1億3000万円をかけて新造した超ラグジュアリーバス「YuGa2」

イド）」としてプラットフォームを構築。日本交通を中心とする「GO」などと対峙する。ここにさまざまなグループや企業が乗り入れた結果、業界の垣根や勢力図はより不透明さを増しており、さらに淘汰と再編が進むと予想されている。

一方同社は、「東京のタクシー需要の8割以上は〝流し〟であること」に着眼した、〝スマホを振るだけ〟で通知できる迎車料金不要の『フルクル』を独自に開発。ダウンロードは50万以上にのぼり、さらなる伸びしろに期待している。

アプリの導入が浸透し、あるいは車載カメラを生かすことで、もう一つのキーワードとして注目されているのが「ビッグデータ」だ。ここでも新たな企業連携が進み、「膨大なデータをどう生かすか、どう収益化を進めていくか」水面下での動きが加速しつつある。同社は2022年5月に総合計画室を新設し、多様な企業の未来像を描いているという。

「こういった時代だからこそ、〝人〟が媒介する意義を見つめ直すことが重要だと考えています」と西川は言う。

「例えば自動運転。いつかはその時代が来るでしょう。しかしその時に、タクシーやハイヤーのドライバーが不要になるとは思っていません。効率化が進むからこそ、人と人のふれあいやホスピタリティの質がより一層価値を持つと信じているからです」

同社は、業界でも類を見ないほど顧客からのお叱りや感想を積極的に収集し、ドライバーにフィードバックする仕組みを持つ。「すべてのメッセージに目を通している」という西川は、「期待されているからこそのお叱りであることを、しっかり理解することが大切だ」と言葉を強める。

「今回のコロナ禍をはじめ、私たちは幾多の危機を乗り越えながら、絶えずタクシー事業の新たな可能性を開拓してきました。この企業文化と培ってきた〝人財力〟があれば、お客さまに選ばれ、期待に応えることができる、社会的意義の高い会社であり続けられると考えています」

国際自動車株式会社

〒107-0052
東京都港区赤坂2-8-6
km赤坂ビル
☎03-3586-3611
https://www.km-group.co.jp/

設　立●1920年3月
資本金●1億円
従業員数●6310名
売上高●377億700万円
(2022年3月期連結)
事業内容●タクシー事業、ハイヤー事業、貸切バス事業、路線バス事業

[編者]

ダイヤモンド経営者倶楽部

日本の次世代産業の中核を担う中堅・ベンチャー企業経営者を多面的に支援する目的で設立、運営されている。現在の会員数はおよそ670社に上る。

〒104-0061
東京都中央区銀座4-9-8 NMF銀座四丁目ビル3F
電話 03-6226-3223
https://www.dfc.ne.jp

担当　北村和郎（kazu@dfc.ne.jp）

ザ・ファースト・カンパニー2023
——新市場を創造し未来を切りひらく

2023年1月10日　第1刷発行

編　者——ダイヤモンド経営者倶楽部
発行所——ダイヤモンド社
〒150-8409　東京都渋谷区神宮前6-12-17
https://www.diamond.co.jp/
電話／03･5778･7235（編集）　03･5778･7240（販売）
装丁/本文デザイン —ヤマダデザイン
編集協力——安藤柾樹（クロスロード）
製作進行——ダイヤモンド・グラフィック社
DTP ———荒川典久、テック
印刷・製本—勇進印刷
担当————加藤貴恵

ISBN 978-4-478-11719-4